《教育信息化十年发展规划（2011—2020年）》解读

规划编制专家组　编

人民教育出版社
·北京·

图书在版编目（CIP）数据

《教育信息化十年发展规划(2011—2020年)》解读/规划编制专家组　编. —北京：人民教育出版社，2012.9
ISBN 978-7-107-25270-9

Ⅰ. ①教…　Ⅱ. ①规…　Ⅲ. ①教育工作—信息化—教育规划—中国—2011~2020—学习参考资料　Ⅳ. ①G520.1　②G43

中国版本图书馆 CIP 数据核字（2012）第 217156 号

人民教育出版社出版发行
网址：http://www.pep.com.cn
人民教育出版社印刷厂印装　全国新华书店经销
2012年9月第1版　2014年12月第6次印刷
开本：787毫米×1 092毫米　1/16　印张：11
字数：174千字　印数：15 001~18 000册
定价：22.00元

序　言

教育信息化是国民经济和社会信息化的重要组成部分，是构建现代国民教育体系、形成学习型社会的内在要求。以教育信息化带动教育现代化，实现教育跨越式发展，是我国教育事业改革与发展的战略选择。

《国家中长期教育改革和发展规划纲要（2010—2020年）》（以下简称《教育规划纲要》）把“加快教育信息化进程”作为独立的一章，明确提出“信息技术对教育发展具有革命性影响，必须予以高度重视”，并将“教育信息化建设”列为亟待组织实施十个重大项目之一，充分体现了党中央、国务院对教育信息化的高度重视和教育部党组对加快教育信息化进程的决心。

《教育信息化十年发展规划（2011—2020年）》（以下简称《教育信息化规划》）是近年来教育部主抓的一项重点工作，是对《教育规划纲要》中教育信息化内容的落实和细化。《教育信息化规划》的顺利完成和发布对于指导我国后续各项教育信息化建设工作具有重要意义。

在《教育信息化规划》编制过程中，各级领导对编制工作给予了热情关怀和支持，教育部党组对规划编制提出了明确的工作思路和指导意见，规划编制工作组和专家组的同志们为完成规划内容进行了卓有成效的工作；规划编制过程中还得到了有关部委、各级教育行政部门、各级各类学校和教育机构，企事业单位，以及社会各界人士的积极配合和大力支持，在此一并表示诚挚的谢意。

为配合《教育信息化规划》的部署和落实，有必要对规划的编制背景予以全面介绍，对规划的编制思路予以系统阐述，对规划的结构体系予以清晰说明，对规划的具体内容予以深刻解读，从而使规划得到更好的理解和贯彻。因此，本书的编写出版是十分及时和必要的。

教育部教育信息化推进办公室

2012年7月

前　言

2012年3月，《教育信息化规划》正式发布，这个规划是我国今后十年教育信息化建设的一份重要的纲领性文件，为我国教育信息化的十年发展规划了目标、思路、任务和措施，对我国教育信息化建设具有重要意义，对我国中长期教育改革和发展也具有积极作用。

规划的编制工作是一项复杂而艰巨的任务。教育部于2011年2月开始组织开展相关的预研工作，并于2011年3月正式成立规划编制工作组和专家组，启动规划编制工作。经过实地调研、封闭撰稿和征求意见等各个环节、多个轮次的工作，历时一年时间，规划终于编制完成。

规划解读是规划的重要辅助材料。作为一份战略规划性文件，规划文本以简明扼要、提纲挈领为宗旨，力求文字精练、逻辑严谨。为促进规划的贯彻落实，有必要编写出完整、详细的规划解读。

作为集体智慧的结晶，本书由规划编制专家组组长、华中师范大学校长杨宗凯教授主持编写，规划编制专家组的专家为本书的成书作出了重要贡献，教育部领导为本书的编写出版提供了重要指导和支持，在此一并表示诚挚的感谢。

限于水平和时间，书中定有不妥之处，恳请读者不吝指正。

《教育信息化规划》
编制专家组

2012年7月

目录

第三部分　文字解读

第四部分　附录

第一部分　背景解读

第一章

编制背景

一、教育信息化概述

（一）信息技术对经济和社会发展的重要影响

信息技术是一个宽泛的概念。一般来说，凡是涉及信息产生、获取、检测、识别、变换、传递、处理、存储、演示、控制、利用和反馈等与信息活动有关的、以增强人类信息功能为目的的技术都可以称为信息技术。

信息技术是当今世界经济社会发展的重要驱动力。信息技术由计算机技术、通信技术、微电子技术、光电子技术、信息安全技术、智能技术与软件技术等组成。随着技术的不断进步，信息技术已经深度融入经济社会生活的各个领域，并正在全面改变着人类的生产方式、生活方式、工作方式、学习方式、思维方式和娱乐方式。数字化的生产工具与消费终端得到广泛的应用，人类已经生活在一个被各种信息终端所包围的社会中。信息逐渐成为现代人类生活不可或缺的重要元素之一。今天人类所享受的一切现代文明，无一不直接或间接地与信息技术相关。当代科学技术的创新性研究在很大程度上依赖于信息技术的快速发展。当代经济与社会的发展在很大程度上取决于信息产业的发展。历史上还没有哪种技术和产业对人类社会产生如此之广泛、深刻的影响。

“信息化”是一个长期持续的过程。我国 1997 年召开的首届全国信息化工作会议上，将信息化定义为："信息化是指培育、发展以智能化工具为代表的新的生产力并使之造福于社会的历史过程。"2006 年我国公布的《2006—2020 年国家信息化发展战略》进一步指出："信息化是充分利用信息技术，开发利用信息资源，促进信息交流和知识共享，提高经济增长质量，推动经济社会发展转型的历史进程。"①

信息化水平的高低已经对国家竞争力的强弱产生了直接影响。20 世纪 90 年代以来，信息技术不断创新，信息产业持续发展，信息网络广泛普及，信息化成为全球经济社会发展的显著特征，并逐步演变成一场全方位的社会变革。进入 21 世纪，信息化对经济社会发展的影响更加深刻。随着计算机技术、通信技术与互联网技术的广泛应用，信息化使人类进入了所谓"数字化生存"的状态，从而也进一步推动了人类社会的巨大进步。信息化的发展目前呈现出全球化、网络化、数字化、空间化的趋势。信息资源日益成为重要的生产要素、无形资产和社会财富。互联网的普及进一步加剧了各种思想文化的相互碰撞，成为信息传播和知识扩散的新载体。信息化与经济全球化相互交织，推动着全球产业分工深化和经济结构调整，重塑着全球经济竞争格局。全球数字鸿沟呈现扩大趋势，发展失衡现象日趋严重。发达国家已经完成了或正在完成由资源或劳动密集型产业向技术密集型、生产附加值高的产业转型；越来越多的发展中国家主动迎接信息化发展带来的新机遇和挑战，希望通过信息化带动工业化的全面发展。

全球信息化正在引发当今世界的深刻变革，重塑世界政治、经济、社会、文化和军事发展的新格局。信息技术的发展水平影响着国家的核心竞争力，信息化程度与水平已经成为衡量一个国家经济社会发展综合实力和文明程度的重要标志。加快信息化发展，已经成为世界各国的共同选择。

（二）信息技术对教育发展的作用

信息技术改变了人类的学习方式和思维方式，深刻影响着教育的各个方面，对于教育发展具有革命性的影响。

---

① 中共中央办公厅、国务院办公厅：《2006—2020 年国家信息化发展战略》，2006 年。

信息技术变革了课程的表现形式。随着多媒体技术的普及和应用，数字化的课程资源成为今后教育资源的主要表现形式。借助于互联网环境，数字课程资源通过交互式多媒体等方式被推送到电脑、手机、智能终端等各种设备上。网络上与教学内容密切相关的数字化内容、教师开发或者学习者创作的数字化作品、网络上各种学习化社区等，都成为数字课程资源的重要组成部分，改变了传统的单纯以教科书为主的课程组织方式。教育资源的内容极大丰富，教育资源的传播更加快捷，教育资源的共享更加高效。“开放教育资源”（OER）运动已在国外高校悄然兴起，美国的哈佛大学、耶鲁大学、麻省理工学院、斯坦福大学等著名高校都已提供在线开放课程，其中麻省理工学院最早提供的开放课程平台，目前已免费共享 30 多个学科门类的超过 2 000 门课程。

信息技术变革了课堂的教学方式。电子课本、电子白板、移动学习终端等学习工具、教学工具的推广和普及，促进了传统的以教为主的课堂组织方式向以学为主转变。信息技术进入课堂，改变了由教师作为单一的知识来源的局面，封闭的、孤立的、单向的课堂教学被打破，参与式、讨论式、交互式等多种教学模式越来越多地出现。学生所获信息量更为增多，学生的探索空间更为宽广，学生可利用的学习形式更为丰富。2007 年，英国 98%的中学和 100%的小学拥有互动式电子白板。2009 年美国加州率先普及中小学电子课本，而 2010 年苹果公司发布的 iPad 平板电脑更加引发了美国电子课本普及潮流。2011 年，韩国政府宣布将于 2015 年在全国中小学淘汰纸质课本，全部普及电子课本。以平板电脑为主要形式的电子课本阅读器和个人学习终端将成为未来韩国中小学生的“制式装备”。

信息技术变革了学生的学习方式。学习方式不是指具体的学习策略和方法，而是指学生在自主性、研究性和合作性方面的基本特征，信息资源的丰富性和共享性，使学生的学习从单一向多样化转变，使学生由被动学习变为主动学习，真正成为学习的主人。信息素养日益成为未来社会“数字化生存”的基本要求。据统计，美国 8—18 岁青少年平均每周使用娱乐多媒体和消费电子产品时间超过 53 小时，“数字原生代”将是未来教育工作者必须面对的与以往截然不同的新型学习者。为了适应信息时代对人才的要求，学生需要会在数字化情境中进行自主发现的学习、会利用网络通信工具进行合作讨论式的学习、会利用信息加工工具和创作平台进行实践性、创造性的学习。

信息技术变革了传统的办学模式。伴随计算机科学的迅速发展，20世纪90年代以后，出现了通过多媒体课件传授、利用计算机网络传播的现代远程教育，在计算机和网络、卫星系统的支持下，实现了异地同步图像、声音以及教学双方的交流互动教学。在信息技术的支持下，随时随地的学习、开放灵活的学分管理，变革了传统的继续教育的办学模式。现代远程教育，已经成为各国提高国民素质的重要途径。目前，作为世界上最成功的网上大学，英国开放大学累计培养学生超过300万人。美国凤凰城大学则成为美国在校生规模最大的私立大学，学习中心遍布美国全境。

除此以外，信息技术对教学的评价方式、学校的管理方式、教育的管理模式等教育的各个方面都有深层次的影响。正因如此，在2010年7月发布的《教育规划纲要》中明确指出，“信息技术对教育发展具有革命性影响，必须予以高度重视”。

（三）教育信息化的内容与作用

教育信息化的概念是在20世纪90年代伴随着美国信息高速公路的兴建而提出的。在美国的“信息高速公路”计划中，特别把信息技术（Information Technology，IT）在教育中的应用作为实施面向21世纪教育改革的重要途径，美国的这一举动引起了世界各国的积极反应，许多国家的政府相继制订了推进本国IT在教育领域应用的计划。我国自20世纪90年代开始关注信息技术对社会发展的影响，政府的各种文件正式使用“教育信息化”这一概念，并高度重视教育信息化工作。

教育信息化是一个动态的不断发展的过程，其原始动力和直接目的是现代信息技术的教育应用，是在教育系统的各个领域充分利用信息技术、开发利用信息资源、促进信息交流和知识共享、促进教育现代化的历史进程。教育信息化的技术特点包括数字化、网络化、智能化和多媒体化等，可以实现具有开放、共享、交互、协作等特征的教育应用。

教育信息化的概念有着较为丰富的内涵，包括：教育教学环境的信息化，实现教室、实验室、图书室、阅览室等基础教学设施的网络化，支持随时随地都能获取数字教育资源；教育资源、课程教材的信息化，创建分布式的、多媒体化的、开放的、智能生成式的多种教育信息资源库；教学模式和教学思想的信息化，注重建构主义、人本主义、行为主义、认知主义等理论的综合运用，构建适应信息时代要求的新型教学模式，体现个性化、人本化教育思想；教师素质的信息化，提高教师运用信息技术进行教育教学的能力；教学评估和教育管理的信息化，注重信息技术在评估信息的采集、传输、处理和结果分析中的应用，加强现代信息技术在教学常规管理、人事管理、设备管理等学校管理环节中的应用；等等。

二、教育信息化发展的国际背景

（一）各国教育信息化的发展战略

教育信息化的称谓，体现了东方语言的思维。在西方国家的文献中，通常将教育信息化称为电子教育或者信息化教育（e-Education）、信息化学习或者电子学习（e-Learning），也有称为信息与通信技术（Information and Communication Technologies，ICT）在教育过程中的应用（ICT in Education）的。从20世纪末期开始，发达国家和部分发展中国家就大力推进信息技术在教育中的应用。当前，教育信息化已经成为发达国家乃至许多发展中国家提高全民素质、增强创新能力和国家竞争力的重要战略。同时，教育的公益性特征，也决定了教育信息化工作的推动必须以政府为主导。

1. 美国的教育信息化战略

1993年9月，美国政府正式提出建设国家信息基础设施（National Information Infrastructure，NII），即“信息高速公路”的计划，其中特别强调了信息技术在教育中的应用。克林顿总统提出：“为了将信息时代的威力带进我们的全部学校，要求到2000年使每间教室和图书馆连通国际互联网Internet，确保每一个儿童能够用上现代多媒体计算机，给所有教师以培训，要求他们能够像使用黑板那样自如地使用计算机。”美国的这一举动引起世界各国的积极反应，许多国家的政府相继制订了推进本国教育信息化的计划。

《国家教育技术计划》是美国发展教育技术的纲领性文件，美国非常重视信息技术在教育领域的应用，教育部一般在4—5年内更新全国的教育技术计划，为不同时期美国教育技术的发展指出重点、方向及策略。

1996年，信息技术的迅猛发展给教育改革带来了新的机遇和挑战，美国教育部制订了第一个国家教育技术计划："使美国学生做好进入21世纪的准备：迎接技术教育的挑战"。该计划关注的重点是教育信息基础设施的建设，如各类学习场所教育设备的配置、网络的建设等，当然也包括部分技术的支持和学习资源的投资，以及教师的教育技术能力培训，目的是加强和促进现代信息技术在教育中的应用。

2000年，根据美国教育信息化进展和第一个计划的实施情况，美国教育部提出了第二个国家教育技术计划："数字化学习——让所有的孩子随时随地都能得到世界一流的教育"。美国开始了教育信息化的第一次重心转移。此时美国已经基本完成了网络在中小学的普及，并转向关注信息技术设备在教学和学习中的实际利用率，支持和鼓励学生在教室、学校、社区及家庭中随时随地应用信息技术，同时，他们已经开始注意到教师是教育信息化的一个关键因素，积极推动社会制定有关标准，规范教师培训的质量。

2005年，美国教育部为迈向教育技术发展的新阶段，正式制订和颁布了第三个国家教育技术计划："迈向美国教育的黄金时代：因特网、法律和当代学生变革展望"。明确提出要确保每个教师都知道如何运用信息开展个性化教学，并使用综合信息系统的评价结果为每一个儿童作出判定和区分，并进行差异化教学；保障每个学生和每位教师都能方便的获取e-learning服务；建立技术改革基金，发展与学校、高等教育和社会之间伙伴关系，鼓励与商业界构建技术合作伙伴关系等。

2010年，根据奥巴马总统提出的美国教育总目标，美国教育部展望教育的变革方向，颁布了第四个国家教育技术计划："变革美国教育：技术给力学习"(Powered by Technology)。该计划从学习、评价、教学、基础设施、生产力几方面分别提出了目标和行动建议。该计划提出了一个技术推动的21世纪学习模式。该学习模式描述了21世纪的学习样式：技术通过提供参与式的环境和工具来帮助学习者理解和记忆学习内容，从而支持他们的学习。在教学方面，提出通过"联结式教学"促进学习的理念。该计划提出要注重学习理论的研究，注意用云计算技术改造目前的教学基础设施。①

2. 英国的教育信息化战略

英国教育信息化一直处于世界领先地位。英国政府将信息与通信技术看作教育改革的核心，十分重视信息与通信技术的发展与应用，不仅提供政策支持与建议，而且加大了资金投入重点支持和发展教育系统中各个领域的信息技术应用，并取得了很好的效果。近年来，英国教育部先后在教育信息化方面出台了多项政府规划。英国教育传播与技术管理局（British Educational Communications and Technology Agency，BECTA）是英国专门负责推动教育信息化的机构。

2005 年，英国教育部发布了“五年战略”（A Five Year Strategy for Children and Learners，2005—2010），提出了教育改革方案的五个基本原则：更突出个性化和选择性、开放式服务、更为自由而独立的决策、职业发展的承诺、共同发展的伙伴关系，并把信息技术作为第一个原则的主要操作手段，建议进行在线信息、决策咨询和指导，使用交互白板加强教学过程的多样性等。

2005 年，英国针对基础教育发布了“e 战略：利用信息转变儿童学习与服务的形式”（e-Strategy-Harnessing Technology：Transforming Learning and Children's Services，2005—2010）。提出，在教育和儿童服务的各个领域充分利用数字和交互技术，为个人潜能的最大发挥创建一个更加个性化的服务环境。战略提出了六个优先发展领域，包括：发展针对所有公民的网上综合信息服务、发展针对儿童和学习者的在线综合个性化服务、以合作的方式改革教与学、提供高质量的职业培训和相应的支持服务体系、建立在信息与通信技术组织方面的领导力发展体系、建设支持转变和改革的公共数字基础设施。

2006 年 7 月，英国教育传播与技术管理局提出了“针对 e 战略的促进计划”（Harnessing Technology Delivery Plan，2006—2011），目标是分三个阶段，到 2011 年，能满足四个方面标准的教育机构从当时的 20%上升到 80%，并且为每个阶段制定了详细的任务标准。

---

① 祝智庭、贺斌：《解析美国〈国家教育技术规划 2010〉》，《中国电化教育》，2011 年第 6 期。

2008 年 7 月，英国教育传播与技术管理局启动了“利用技术下一代学习计划”（Harnessing Technology for Next Generation Learning，2008—2014）。下一代学习运动与 e 战略目标一致，主要是针对父母或法定监护人、用人单位和学习者提出的，以增强他们将技术运用于教育的意识，促进他们更加关注技术，目的是促使技术为所有学习者带来最好的学习体验和效果，使得每个人都能从技术中获得最大收益，改善学习、提升技能、优化知识。

2009 年，英国教育传播与技术管理局针对下一代学习运动提出 2009—2012 年阶段的促进计划（Next Generation Learning the Implementation Plan for 2009—2012），提出要实现的四个方面的成果，即包括儿童、学校、家庭以及技术供应商具备的能力。这个计划强调了技术在世界一流水平教育中的重要角色，概述了在儿童、学校和家庭部门中技术应用的目标，确保技术支持儿童和青少年的服务变革。

2010 年，英国教育传播与技术管理局针对下一代学习运动颁布 2010—2013 年阶段促进计划（Next Generation Learning the Implementation Plan for 2010—2013），针对继续教育和技能系统部门的从业者、领导者和管理人员以及他们所代表的机构、利益团体和国家机构和政策决策者，目的是帮助人们在学习工作中高效地使用技术，让继续教育与技能领域的学习者能够在专家的指导下随时随地进行自由学习，更加自信地使用信息技术①。

除了英国教育传播与技术管理局以外，高校联合信息系统委员会（Joint Information Systems Committee，JISC）等组织也积极推动英国教育的信息化工作。JISC 搭建了一个综合型国家基础设施服务（如 JANET），以满足高等教育和未来教育的所有用户的需要，为英国教育信息化的发展提供了世界一流的学术研究环境和服务。英国 JISC 2010—2012 年发展战略中提出运用云计算等技术，构建 e-Learning 文化，提升科研信息化水平和科研人员信息素质。

3. 日本的教育信息化战略

1994 年，日本首相官邸建立 IT 战略部，开始正式关注信息化问题。IT

---

① 李凡、陈琳、蒋艳红：《英国信息化策略“下一代学习活动”的发展及启示》，《中国电化教育》，2011 年第 6 期。

战略部所形成的一系列 IT 战略成为日本开展教育信息化的直接指导。从 2001 年 e-Japan 到 2005 年的 u-Japan 战略，日本教育信息化的发展也由 e 时代进入 u 时代。一贯重视教育的日本政府，按照家庭教育、学校教育、社会教育、生涯教育来分别制定和实施教育政策，非常注重学生知、德、体协调发展，强调形成学校、社会、家庭之间的教育联网，创设全民关心教育和参与教育的氛围。相应地，教育信息化政策也充分体现这一特点。目前，日本对教育信息化发展影响比较大的政策包括 u-Japan 计划（2005—2010 年）和文部科学省的系列教育信息化对应措施。

2005 年日本提出的 u-Japan 相对于之前的 e-Japan 而言，对社会予以更多关注，把社会问题作为技术发展的导向，从社会的各类应用需求出发去考虑未来信息社会的构架。u-Japan 提出在基础建设、信息与通信技术应用、信息与通信技术环境建设等方面完善日本的信息化环境。2006 年，日本出台了"新 IT 改革战略"（New IT Reform Strategy），提出人力资源开发和教育的 IT 应用构架：（1）关注下一代：提高所有教师的 IT 技能，通过 IT 提升所有学生的学术水平；（2）增强世界级竞争力，建立政府—产业—科研合作体系。2007 年，日本又进一步提出了"新 IT 改革战略"实施的三个原则：（1）目标要实在化；（2）要从用户和公众的角度加强竞争力；（3）给出了长期性战略目标、明确的发展目的和期限，如到 2010 年，校园网的覆盖率为 100%、生机比为 3.6 人/台，师机比为 1 人/台等。

为配合日本信息化战略的实现，2003 年文部科学省发布了针对高等教育的教育改革计划，目标是"高等教育改革的新发展——支持充满创造活力的知识型社会"。2006 年 1 月，又发布了关注初、中级教育的教育改革重要行动计划，目标是"培养能在国际社会中生存的强壮、感性的人"和"为所有儿童提供丰富教育"。这两个计划都对信息与通信技术的运用提出了明确的指导。2007 年 7 月，文部科学省又发布了"教育振兴基本计划"，教育信息化是其重要组成部分，包括：（1）加强对未成年人的信息危害保护，由家庭、学校和社会共同努力创建安全的信息环境，同时促进信息道德教育；（2）从设施装备、教学应用和领导管理几个角度全面提高学校的信息化程度，为儿童创建优质的学习环境，确保"新 IT 改革战略"目标的实现。2010 年 10 月，日本文部科学省发布了《教育信息化指南》，从九个方面描述了今后日本教育信息化的工作重点，包括：学校开展信息与通信技术教育的必要性、对学生的指导、信息化的推进、信息体制化建设等方面的内容，推动日本教育信息化向全面纵深发展①。

4. 韩国的教育信息化战略

从20世纪70年代，韩国政府就开始了教育信息化的建设。从最初的大众广播电视（初始阶段，1970—1985年），到个人电脑学习（普及阶段，1986—1995年），再到基础设施建设（深化阶段，1996—2000年），再到以学习者为中心的教育、科研开展（拓展阶段，2001— ），充分体现了为信息时代服务的教育理念。进入21世纪后，韩国的社会模式由信息社会进入了知识社会，相应教育信息化的建设也由e时代跨入u时代。

1997年年末，韩国教育部提出了《教育信息化综合计划》，要求分三个阶段实施教育信息化。到目前，已经完成了第一、二阶段的目标，2006年开始制定和实施第三阶段目标，即实现泛在的电子学习。为加快完成第二、三阶段的教育信息化目标，韩国从2004年开始每年都制订《促进教育信息化实施计划》。2008年韩国教育信息化实施计划的核心目标是：（1）促进优质教育：如通过电子教/学系统的有效使用加强学校公共教育，并减少私立教育开销；建立透明绩效支持系统确保学校教育质量；（2）加强对高等教育和终身学习的支持力度：如通过地区机构、大学和产业的信息与通信技术合作项目消除区域性不平衡；提供高质量教育信息服务以提升所有民众的学习能力；（3）改进教育福利：确保城市贫穷、低收入家庭和残疾人信息访问的权利；保证教育、培训和职场之间的便利连接和有效支持；（4）发展在教育信息化领域的全球领导地位。

韩国的系列信息化政策对教育信息化的发展也产生了重大影响。近期的u-Korea政策（2006—2015年）就以“在最好的泛在基础设施基础上创建第一个泛在社会”（The FIRST u-society on the BEST u-Infrastructure）为愿景，锁定在四项关键建设发展无所不在的社会五大应用。其中五大应用之一的u化定制服务（Tailored u-Life Services）的目标之一就是要实现定制教育的智能设备和服务，包括：开发适合不同水平和类型学习者的移动学习内容、运用智

① 张建武、赵国庆、张榕玲：《日本教育信息化发展机制研究》，《电化教育研究》，2011年第2期。

能学习设备搭建面向学习者的教学环境等。

韩国的教育信息化负责机构主要有两个，即教育广播系统（the Educational Broadcasting System，EBS）和韩国教育科研信息服务中心（Korea Education & Research Information Service，KERIS）。前者通过广播电台、广播电视和卫星有线电视三种方式提供早教、学前、初高中教育，以及教师培训和终身教育的教育节目，有完整系列的终身学习课程。KERIS 是一个政府资助机构，是韩国教育研究领域的领军组织，目前运行三个服务网络：EDUNET（全国教与学中心）、RISS（Research Information Service System，学术研究信息服务中心）和 NEIS（National Education Information System，全国教育信息系统），分别从教学、科研和管理三方面全面支撑韩国教育信息化的建设与发展。

由此可见，教育信息化在世界各国的国家级发展战略中已经具有很高的地位，许多发达国家纷纷从国家战略层面确定教育信息化发展规划，其内容涵盖各级各类教育教学、科研、管理等各个方面，具体措施包括政策标准、经费投入、机构支撑等。部分国家的教育信息化规划已经取得了明显的成效，对该国教育发展水平的提升起到了巨大的促进作用。

（二）国际教育信息化发展趋势

2004 年，联合国教科文组织亚太地区“教师技术—教学整合能力标准”将信息技术在教育中的应用程度分为起步、应用、融合和创新四个发展阶段，如图 1 所示。从中可以看出，未来教育信息化的重要方向是技术与教育的深度融合。

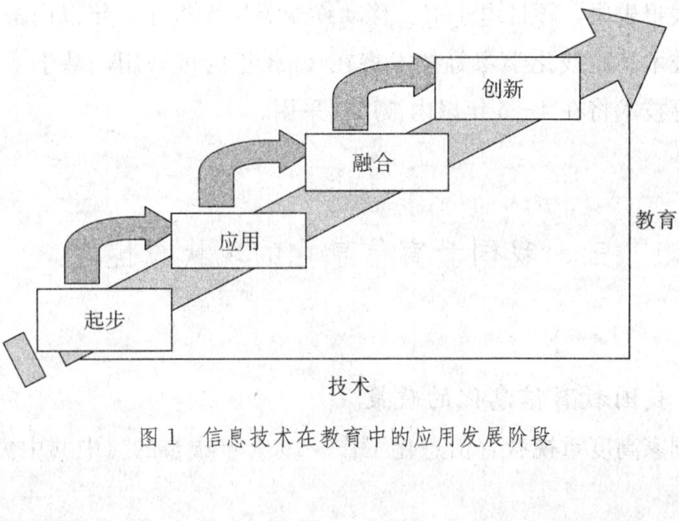

图 1　信息技术在教育中的应用发展阶段

信息技术在教育中的深度应用，将促使未来教育系统向信息技术与人广泛交互和影响的“生态系统”发展。2005年9月，哈佛大学发布的“开放信息与通信技术生态系统路线图”（Roadmap for Open ICT Ecosystem）报告，描绘了开放的信息与通信技术生态系统特征，包括互操作性、以用户为中心、协作性、可持续性、灵活性等。

信息技术在教育中的深度应用，将促使教学模式向自主学习、学思结合转变。哈佛大学物理系埃里克·梅热（Eric Mazur）和戈登·麦凯（Gordon McKay）教授采用基于无线技术的一个软件——Clicker，提出“同伴教学法”（Peer Tutoring），吸引了众多学子，是实现自主学习、建设未来教室的典型代表。

信息技术在教育上的深度应用，将促使学习者、教学者、管理者在教学环境中的角色变化。在美国《国家教育技术标准》项目（National Educational Technology Standards，NETS）中提出了未来的学生、未来的教师、未来的教育管理者的能力标准。以未来学生为例，需具备创意和创新、沟通与协作、研究与获取信息能力、解决与决策能力、信息化公民素养、科技理论与应用能力六个方面的能力。

信息技术在教育中的深度应用，也将促进教育信息技术的进一步发展。国际新媒体联盟组织（New Media Consortium）于2002年启动了“地平线项目”（Horizon Project），以新兴信息技术和教育应用为核心，以年度报告的方式提出关于新兴信息技术、关键趋势和重要挑战等方面的研究分析。在2011年的地平线报告中，预计电子书、移动终端等技术将在一年以内被广泛采用，增强现实技术、游戏化学习等技术将在2—3年内被采用，基于手势的计算、学习分析等技术将在4—5年以内被广泛采用。

三、我国教育信息化的现状与挑战

（一）我国教育信息化的政策

党和国家高度重视教育信息化工作。1985年颁布的《中共中央关于教育体制改革的决定》中提出："特别是在新技术革命条件下，一系列新的科学技术成果的产生，新的科学技术领域的开辟，以及新的信息传递手段和认识工具的出现，对教育产生了重大影响，发达国家在这方面的经验尤其值得注意。"

1999 年 6 月，中共中央、国务院发表了《关于深化教育改革全面推进素质教育的决定》，在第十五条中指出"大力提高教育技术手段的现代化水平和教育信息化程度"，这是"教育信息化"概念在我国政府文件中的最早出处。

2006 年 5 月，中共中央办公厅、国务院办公厅印发《2006—2020 年国家信息化发展战略》。在"我国信息化发展的战略行动"部分中提出实施"国民信息技能教育培训计划"、"网络媒体信息资源开发利用计划"、"缩小数字鸿沟计划"等，在国家信息化的战略部署中涵盖了与教育信息化相关的规划内容。

2006 年至今，党中央、国务院先后制订了《国家中长期科学和技术发展规划纲要（2006—2020 年）》①、《国家中长期人才发展规划纲要（2010—2020 年）》② 和《教育规划纲要》。这三大规划纲要成为新世纪新阶段我国深入实施科教兴国战略、人才强国战略、可持续发展战略的关键举措，目标都定位在到 2020 年努力使我国跻身于世界人力资源强国、人才强国和创新型国家行列。其中，《教育规划纲要》特别指出"信息技术对教育发展具有革命性影响，必须予以高度重视"，明确要求"加快教育信息化进程"，并专门用单独一章（第十九章）从基础设施、资源与应用、管理信息化三个方面对教育信息化工作进行了总体部署，还将"教育信息化建设"列为 2012 年亟待实施十项重大工程之一，将教育信息化的战略地位提高了前所未有的高度。

（二）我国教育信息化的发展现状

教育部高度重视教育信息化工作。"十五"期间，成立了由部长任组长的教育信息化领导小组，组织协调全国教育信息化发展与管理方面的重大问题，确立了教育信息化在教育改革与发展中的重要地位。近年来，在教育部颁布的《教育信息化"十五"发展纲要》、《面向 21 世纪教育振兴行动计划》、《2003—

---

① 中华人民共和国国务院，《国家中长期科学和技术发展规划纲要（2006—2020 年）》，2006 年

② 中共中央办公厅、国务院办公厅，《国家中长期人才发展规划纲要（2010—2020 年）》，2010 年

2007年教育振兴行动计划》、《2008—2012年教育振兴行动计划》等重大规划和"985"工程、"211"工程等重大工程中，对教育信息化建设给予了重点支持，使我国的教育信息化取得了显著进展。

1. 教育信息基础设施建设有了较快发展

中国教育和科研计算机网（CERNET）与中国教育卫星宽带传输网（CEBSat）覆盖全国、互联互通，初步形成了"天地合一"的现代远程教育传输网络，并持续扩容升级，成为教育信息化的重要基础设施和构建学习型社会的重要平台。

CERNET主干网覆盖全国31个省（自治区、直辖市）的36个城市，传输速率达到2.5 Gbps—10 Gbps，地区主干网速率达到N×155 Mbps—2.5 Gbps，核心节点接入能力达到1 Gbps—10 Gbps。CERNET与国内其他互联网互联带宽超过50 Gbps，国际互联总带宽超过20 Gbps。CERNET连接了分布在全国200多座城市的大学、教育机构、科研单位2 000多个，用户超过2 000万人，已成为世界上最大的国家级学术互联网。

CEBSat覆盖全国，包括广大西部、偏远农村和边疆海岛地区，拥有集体接收终端站点近70万个，其中约有23%的站点同时接入因特网。CEBSat承载着农村中小学现代远程教育工程、农村党员干部现代远程教育工程、全国文化信息资源共享工程、军队士官远程教育等我国四大国家级卫星远程教育工程，已成为世界最大的卫星远程教育基础传输平台。

建成了世界最大规模的纯IPv6互联网——中国下一代互联网示范工程CNGI-CERNET2主干网，以2.5 Gbps—10 Gbps连接分布在全国20个城市的25个核心节点，已接入200多所大学和科研单位，并将其中近百所重点高校的校园网全面升级为支持IPv6的下一代网络，为教育信息化的长远发展提供了重要支撑。建成了中国教育科研网格（China Grid），为重大科学研究和学科建设提供了先进技术手段和重要基础平台。建成了"高等学校仪器设备和优质资源共享系统"，将56所高校的561台仪器设备信息上网，实现了网上设备预约、作业调度、计费管理、统计分析等功能；4个高校分析测试中心实现网络化运行，计量认证样品和测试数据实现网上传递。

部分省市依托网络运营商提供的基础服务建成了省市级教育网。高等学校校园网已经普及，其他类别学校也不同程度地建有校园网并以多种方式接入互联网。据2008年抽样统计①，高等学校已经全部建成了校园网络，校园网在学生宿舍、教学、科研与管理楼宇的覆盖率达到85.32%，学校无线网覆盖学校公共区域的比例达到15.82%，学生人均信息点数达0.677个；校园网主干带宽达到656.5 Mbps，出口带宽均值为336.0 Mbps，出口带宽利用率为74.58%；高校多媒体教室比例达到44.40%，师生人均拥有个人计算机0.628台。中等职业学校联网率达85%，已联网学校的出口带宽均值达107 Mbps；97.5%的中职学校建有计算机机房，87.5%建有多媒体教室；生机比为9∶1，师机比为2∶1。中小学中，90%的学校拥有至少一台计算机；学校联网率达55%，已联网学校的出口带宽均值为56 Mbps；56%的学校建有计算机教室，48%有多媒体教室；平均生机比为19∶1，平均师机比为3∶1。城乡中小学教育信息基础设施存在明显差异：城市地区学校联网率为88%，农村地区学校联网率为48%；城市地区学校平均生机比为15∶1，平均师机比为2∶1；农村地区学校平均生机比为22∶1，平均师机比为4∶1。

中央和地方财政不断加大对西部和农村地区教育信息化投入力度，缩小了东西部之间、城乡之间的教育数字鸿沟，促进了义务教育均衡发展和农村教育质量的提高。2003—2007年实施的农村中小学现代远程教育工程，为中西部地区的23个省、自治区、直辖市以及新疆生产建设兵团配备了40.2万套教学光盘播放设备、27.9万套卫星教学收视系统、4.5万间计算机教室和多媒体设备，覆盖中西部地区36万所农村中小学，初步构建了一个惠及全国农村中小学的远程教育网络，1亿多农村中小学生得以共享优质资源。2002—2006年实施的西部大学校园计算机网络建设工程，在西部12个省（自治区、直辖市）及湖南、湖北、吉林的民族地区的143所高校建成了技术较高、性能稳定的校园网，全部接入中国教育和科研计算机网，并在西安、成都、乌鲁木齐、银川、昆明等11个省会城市建成了高速教育城域网，大大缩小了东西部教育数字鸿沟，为西部地区高等教育的发展，乃至西部经济腾飞和社会进步都奠定了坚实基础。

① 本节所引用的抽样统计数据，如无其他说明均来自于2008年教育部教育改革和发展战略与政策研究重大课题“教育信息化建设与应用研究”的调研结果。

2. 数字资源体系雏形基本形成

初步建成了基本满足义务教育教学需要的资源体系、中国高等教育文献保障体系、中国高校人文社科文献中心、中国大学数字博物馆等资源共享服务体系；政府采用招标、投资等多种形式，鼓励企事业单位开发教育资源，促进教育资源的开发与共享，资源建设的有效机制正在形成。

开发了各级各类教育教学资源库，初步建成了国家基础教育资源库（7 类资源，36 个学科，4 129 学时学科知识点教学资源，2 869 小时的学习辅导、专题教育和教师培训视频资源，12 507 条多媒体教学素材资源，覆盖 1—9 年级多种版本教材的教育教学内容）、新世纪网络课程建设（321 门）、高等教育精品课程资源库（1 100 门）、国家职业教育资源库（130 多个网络课程，非学历成人继续教育资源 1 804 门次）、网络教育课程资源建设（20 834 门）、国家教师教育课程资源库、全国教师教育网络联盟的教育资源网站、教师专业发展平台、政务信息资源库、教育管理基础数据库等，在全国范围内形成了一批"远程职业教育资源建设、共享与应用基地"（10 个）。

"中国高等教育文献保障体系"（CALIS）建立了覆盖全国的三级共享服务网络，总共 1 005 个图书馆加入，其中 560 个图书馆不同程度地对外提供共享资源和服务，占成员馆总数的 56%。1 005 个成员馆中，共有 703 所本科院校，占全部本科院校的 93%，111 所"211"院校均为 CALIS 成员馆。CALIS 建立的联合目录、西文期刊目次数据库等收录了 560 余家图书馆的 257 万种图书和3 500余万篇文献。组织高校联合引进近 300 个数据资源库，包括 24 000 余种约 400 万份全文电子期刊，8 557 种约 30 万份会议录，145 052 种约 120 万册电子图书。从国外著名的博硕士学位论文数据库 PQDD（ProQuest Digital Dissertations）购买的可共享全文已超过 18.5 万篇；OCLC netLibrary 可访问的外文电子图书已达到 12 153 册；建成全国高校专题特色库 64 个，数据总量已达到了 445 万多条，发布总量达到了 416 万条，其中全文数据达到 170 万条；高校重点学科中文教学参考信息库拥有教参信息 50 211 条；中美数字图书馆（China-America Digital Academic Library，CADAL）数字化加工了 102.3 万册中英文图书资料。

"中国高校人文社会科学文献中心"（China Academic Social Sciences and Humanities Library，CASHL）拥有的资源包括：国外人文社会科学印本期刊

9 148种，超过国外人文社会科学期刊总量的60%，其中包括核心期刊3 326种，完整收藏了SSCI和AHCI收录的核心期刊；电子期刊900多种；“高校人文社会科学期刊目次库”目次数据610万条；人文社会科学外文图书近百万种；“高校人文社会科学外文图书联合目录”38万种；电子图书26万种。目前已有345所高校和中国社会科学院文献情报中心等9所非高校机构签约成为CASHL成员馆，2.3万人直接注册成为CASHL的个人用户，151家教育部人文社科重点研究基地成为CASHL的团体用户，直接面向服务的最终用户逾百万人。

“大学数字博物馆”建设项目以28所高等院校10万余件优质教学标本和特色藏品为基础资源，涵盖地球科学、人文科学、生命科学和科学技术四大领域，建成了以图片、动画、音视频等多媒体信息和科学规范的专业描述为主体的数据库，以藏品为知识节点构建了跨学科的立体知识网络，形成多学科融合的数字博物馆体系，为教学提供了丰富的资源支撑，已成为高等教育基础设施的重要组成部分，推进了现代化教学、科研及科普教育，并发展了数字博物馆学新方向。

目前，绝大多数高校已经建立了教学资源库，包含多媒体素材库、多媒体课件库、电子教案库、教学案例库、题库等多种类型的教学资源，53.4%的高校建立了全校统一的教学资源管理平台，校均数字教学资源达618 GB；83.72%的高校建立了电子图书资源，校均电子图书资源达32.2万册。

中等职业学校中，绝大多数学校拥有数字教学资源。校均数字视频教学资源达385小时，校均非视频数字教学资源达269 GB；校均多媒体光盘资源97片，校均电子图书资源6 249册；25%的学校为教师提供了专门的教学资源编辑软件，25%的学校建立了统一的教学资源管理平台；85%的学校拥有自主开发的数字资源。

中小学中，数字化资源已成为大多数学校的重要教学资源，71%的学校拥有不同数量、不同形式的数字教学资源；校均视频数字资源达197小时，校均非视频数字资源达79 GB；校均多媒体光盘资源159片，校均电子图书资源11 159册。25%的学校为教师提供了专门的教学资源编辑软件，27%的学校建立了统一的教学资源管理平台。58.5%的学校拥有自主开发的数字化资源，表明过半数学校具备一定的资源建设能力。基础教育学科教学的信息技术应用最常用到的是办公软件和课件制作软件，学科专用教学软件的应用较少。在所有的学科专业软件中，“几何画板”软件应用范围相对较广，其次是“Science Word”和应用于物理与化学教学的“仿真实验室”类软件平台。文科的学科专用软件相对比理科的少。

3. 信息化教育与应用取得一定成效

高等学校普遍采用信息技术改进教学方式，采用多媒体教学的课程比例达到53%，52.7%的高校建有网络（辅助）教学平台，采用网络辅助教学的课程比例达到23%；高校学科建设信息化程度进一步提高，18.69%的学校建立有科研项目协作交流平台，18.7%的学校建立有科研知识共享平台，学校统一建设的学科资源库平均7.25个。在信息化实施效果方面的调研结果显示，在这些被调查者中，89.6%的认为信息化帮助学生、教师获得了更多的学习、教学资源，86.4%的认为提高了课堂教学质量，86.7%的认为帮助教师、科研人员获得更多的科研信息，80.2%的认为提高了科研项目管理水平，89.9%的认为提高了学校的管理水平与工作效率。

中等职业学校中，10%建有网络教学或辅助教学平台；经常采用信息技术辅助教学的学科依次为英语、语文、数学、综合实践课、专业课、物理、化学。79%的学校反映信息技术的应用对于改进教学效果有“较大的帮助”，其中16%认为有“非常大的帮助”。

中小学中，信息技术课程教育与信息技术的学科应用逐步铺开。已有67.5%的学校为学生开设了信息技术课程，学习信息技术课的学生比例达69%。8%的学校建立了网络教学或辅助教学平台，多数教师“较为经常”在备课与课堂中使用信息技术。最经常采用信息技术辅助教学的学科依次为语文、英语、数学、综合实践课、物理、化学。信息技术教学应用效果受到肯定，87%的学校反映信息技术的应用对于改进教学效果有“较大的帮助”，其中25%认为有“非常大的帮助”。数学教学中，48%的教师使用信息技术辅助教学；7.6%的学校为数学教学提供了专用的工具或软件，16%的数学教师使用专用数学工具辅助教学（该数据包含了使用实物数学工具的部分比例）。

网络教育稳步发展，已成为职业教育、高等教育和终身学习体系的重要组成部分。全国设立了国家级远程职业学校2所，省级分校50多所，地级分校660多所，县级分校（站点）5 300个，开展远程培训服务的企业达25家，每年学历和非学历职业教育在学人员近80多万人次。网络高等教育覆盖10个学科门类的180个专业，累计注册学历教育学生667万人，年招生达135万人；开展在职人员的专业技术人才培养和继续教育100多万人次，培养学历教育学生130多万人，开展非学历培训项目500多万人次，培养农村学员5.6万人，培养士官学员6万多人；“中西部国家级远程教师培训计划”采用远程教育方式为西部100个县的30多万名初中小学教师进行了专题性培训。面向社区和学习型社会，初步建设成“数字教育公共服务体系”（3个），并开展了“数字化学习港”项目实践。

4.教育电子政务蓬勃发展

基本建成教育部机关办公信息网和政务信息服务平台，一批应用系统和专业信息服务系统投入使用。陆续开展了网络视频会议、网上合作研究、网上招生录取、网上就业服务、网上学历认证服务等重大应用。以教育部办公厅为枢纽，初步实现了与省、自治区、直辖市教育行政部门和部属高等学校的政务信息联网交换。教育部“教育服务与监管信息化体系建设”正在建设国家级教育管理信息系统，并带动了地方和学校的教育管理信息系统建设，改进了教育管理方式，提高了教育管理效率。

各级教育行政部门基本上建立了门户网站，并不同程度建立了人事、教师、学生、财务、设备、招生、学历、科研等数据库和文件、文献、档案等教育信息资源库，教育政务信息资源建设逐步展开，行政管理和社会服务信息化程度不断加强。88.6%的单位建有政务公开专栏，13.6%的单位提供了网上办事，38.6%的单位实现了政府部门与公众咨询互动；81.8%的单位提供了表格下载等办公办事支持服务。80%的单位还建立了内网，32.4%的单位建有专网。超过60%的单位建有邮件系统、信息发布与管理系统、财务管理系统、电子公文交换系统；超过40%的单位建有内部公文流转系统、人事管理系统、设备资产管理系统、招生系统。业务实现信息化平均比例为41.8%。深度不断加强，在建立电子政务系统后，45.4%的单位相对应的业务处理能力提高了60%以上。

高等学校电子校务水平持续提升，基本上建立了学校主页，70.8%的高校建有学校电子邮件系统，37.1%的学校建有校园公告系统，60.2%的学校建有一卡通系统，85.5%的高校建立了服务于教学、科研、管理和生活等方面的电子校务系统，其中30.3%的高校实现了教学管理、科研管理、人事管理和财务管理等主要校务的信息化，8.9%的高校建立了集成、统一的校级管理信息平台，监测预警与决策支持系统得到初步应用，极大地提升了学校的管理水平与办学效益。

中等职业学校中55%的学校建有学校主页，25%的学校建有校级电子邮件系统，20%的学校建有校园公告系统，27.5%的学校建有校园卡系统，32.5%的学校建有集成各种信息资源的内部信息门户。

中小学开始引入电子校务，14%的学校建立了学校主页，11%的学校建有电子邮件系统，4%的学校建有校园公告系统，5%的学校建有一卡通系统，10%的学校建立了服务于管理、教研等方面的信息管理系统。

5. 标准化建设、关键技术研究取得较大进展

2002年年底成立的"全国信息技术标准化技术委员会教育技术分技术委员会"（CELTSC），负责教育信息化相关标准的规划、引进、研究、编制、评审及推广应用工作，发布了40多项标准；研制了标准的一致性测试程序和规范；开展了测试工作；提交了10个国家标准的送审稿；培养锻炼了一支稳定的研究队伍；举办学术研讨会和各类标准培训班，启动标准化测评与认证工作。CELTSC积极参与国际标准化活动，是ISO-SC36委员会和IEEE LTSC的国家团体成员，被国际标准化组织（ISO）确定为其教育信息技术标准的起草者之一，正与欧盟合作研制网络教育服务质量方面的国际标准。

颁发了《中小学教师教育技术能力标准（试行）》，这是我国第一个中小学教师专业能力标准。颁布实施了《全国现代远程职业教育资源开发指南》。制定发布了一系列语言文字规范标准，如《GB 13000.1字符集汉字部件规范》、《汉语拼音方案的通用键盘表示规范》等，促进了教育信息化的规范发展。

在天地网结合、互连互通、资源共享、网络教学等方面，解决了阻碍现代远程教育发展的多项关键技术难题，初步开创了东西互动、课程互选、学分互认的全新网络联合办学模式，为现代远程教育的全面、深入发展提供了有效的技术支撑。

6. 信息化保障机制建设逐步得到重视

在管理体制方面，2006年教育部成立了教育信息化工作办公室，挂靠在教育部科学技术司；2011年又改组为实体化运作的教育信息化推进办公室，

成为推进教育信息化工作的职能部门。94%的省市级教育行政机关建立了负责电子政务的组织机构，21%的高校设置了信息化主管（CIO）职位，92.65%的高校设置了成建制的信息化部门，88%的中小学校有明确的领导负责信息化建设。

高等教育方面，39%的高校有单列信息化规划，45%的高校将信息化规划分散在总体规划中；已有37%的高校将信息化经费预算单列为全校统筹信息化预算，40%的高校信息化经费分布在部门预算中，信息化建设资金投入总额年均达到851.49万元，年度运行维护费为104.76万元，培训及研究经费为24.20万元；65%的高校定期对人员进行信息化技能培训，年均参加学校组织的信息化培训达到188.36人次，65%的高校对人员聘任有信息化技能要求；52.7%的高校在信息编码标准制定中应用国家或行业数据标准，17.6%的高校建立了学校统一的信息编码标准；81%的高校制定并执行了信息化运维服务管理规范，高校信息化建设、管理与服务队伍规模平均为19人。

基础教育方面，近三年内信息化建设占学校建设投入总额的28%；48%的学校制订了信息化发展规划，16%的学校有单列预算，22%的学校将信息化预算放在各部门分预算中；42%学校建有专门的信息化部门；在制订了规划的学校中，67%建立了相应的制度来保障信息化发展规划的实施。

7. 信息化人才培养得到较大发展

我国信息化人才培养主要由“学历教育”的高等院校、软件学院、职业技术学校以及“非学历教育”的各类社会培训机构组成。近几年来，我国信息化人才培养持续增长。以各部委“工程”项目为背景启动的系列培训计划，为教育信息化人才输送了大量的专业人才。高校远程教育公共服务体系的形成，也拓宽了教育信息化人才培养的渠道。

据教育部相关部门统计，2007年，我国普通高等教育信息技术相关专业的在校生总数已达到289.8万人，当年招生85.3万人，毕业生达到82.8万人。已设立示范性软件学院36所，国家计算机技术与软件应用技能紧缺人才培养培训基地180个，国家集成电路人才培养基地9个。

2007年，中等职业学校信息技术专业在校生达到400万人，当年招生近170万人，毕业生达到110万人，30%的学生取得相应的职业资格证书，为国家信息化发展培养了高素质技能型信息技术专门人才。面向中等职业学校普及计算机应用基础必修课程，完成了对中等职业学校13个专业领域课程内容的信息化改造。

基础教育领域的教师信息技术应用能力培养工作稳步推进。国家启动的“全国中小学教师教育技术能力培训计划”在全国26个省、自治区、直辖市培训教师，“十一五”期间，近500万教师通过了教师教育技术初级或中级培训。中小学普及信息技术教育和开设信息技术必修课开课率明显提升，达到了初中90%、小学40%以上。

（三）我国教育信息化存在的问题与挑战

我国教育信息化经过十多年的发展，取得了很大的成绩，但从贯彻落实《教育规划纲要》、带动教育现代化的要求来看，还存在一些突出问题，与人民群众的需求和发达国家水平相比，也还有明显差距。归纳起来，我国教育信息化存在着如下主要问题。

1. 对信息化战略地位认识不足，缺乏统筹与总体规划

教育战线中有不少对教育信息化在教育事业改革与发展中的战略地位认识不到位，将信息化看成是锦上添花，没有认识到教育信息化在教育改革与发展中的重要作用，对信息化的应用不够了解。教育信息化建设缺乏统筹与总体规划，整体进展较为缓慢，广大师生未充分享受到先进的教育信息技术带来的成果。

2. 管理体制条块分割，缺乏强有力的协调与管理

各级各类教育行政部门及不少学校的信息化建设与管理条块分割，缺乏有效的统筹协调和统一管理体制，权责不清、分工不明、重复建设等现象较为普遍。这是造成资源无法充分共享、应用水平难以提高的重要原因，已成为阻碍教育信息化事业全面、协调、可持续发展的主要因素。

3. 资金投入不足，缺乏长效投入保障机制

一方面，资金投入总量不足，面对基数庞大的教育系统，我国教育信息化建设投入总体不足，难以满足发展需要。特别是广大农村中小学校，缺乏教育信息基础设施维护与升级、更新的投入机制，有些地方现有远程教育设备的使用还面临经费短缺问题。另一方面，资金投入的持续性也不够，造成基础设施、信息系统、重大应用工程的运行、维护和可持续发展缺乏保障机制。政府在教育信息化方面已进行了大量的投入，但投入机制还不够健全，难以实现可

持续性发展，并且有限的投入分配还不够合理，重硬件轻软件、重建设轻维护、重建设轻培训的现象普遍存在。

4. 基础设施建设不均衡，管理水平和使用效率低

教育信息基础设施建设仍然不能满足各级各类教育信息化的发展需要，特别是西部农村地区信息化基础设施落后。基础设施条件的不平衡将加大数字鸿沟，使不同类型教育之间、区域之间、城乡之间差距进一步扩大。网络间的互连互通存在瓶颈，仍需升级和扩展扩容。高校以外的教学和科研单位中国教育和科研计算机网接入率低，省、市教育网建设参差不齐，影响学校的高速接入。中国教育卫星宽带传输网目前只能主要提供单向传输服务，难以适应当前新媒体教育需求的发展。

5. 信息化人才队伍短缺，信息素养有待提高

全民的信息化意识和信息素质亟待提高，专业化人才队伍建设亟待加强。各类培训的规模和质量同信息化发展需求不相称。教育信息化建设与运行维护队伍建设没有得到应有的重视，专门服务于教育信息化应用项目的教育技术支持队伍远不能满足实际需要，从事教育信息化工作的人员数量与国际通行的标准存在较大差距。由于教育与信息技术行业存在待遇差异，加之教育信息化技术支持队伍作为教师或教学辅助人员的待遇问题尚缺乏制度解决，教育信息化队伍建设与稳定难度加大。

我国信息化人才培养规模不断扩大，但教师信息化培训规模还远不到位。尤其在基础教育领域中，教师队伍的知识结构、素质和能力不适应教育信息化发展要求，教师培训中面临培训需求量大、技术更新快、培训力量有限等诸多制约条件。多数教师开始进入到学习利用信息技术促进教学的阶段，教师信息技能较低成为应用瓶颈，还有一批教师（主要在农村）不会计算机基本操作。

6. 应用水平不高，与教学实践结合不紧密

应用意识不强，应用技能较差。信息技术与教学结合不够紧密，教学信息化程度偏低，信息资源和应用系统的开发利用与学科建设、提高教育质量缺乏紧密结合，教学信息化缺乏深层次应用。总体上，信息技术应用对于新时期教育变革与发展的带动作用有待加强与深化。中等职业教育中围绕学生学习和学校管理的应用系统建设偏少。远程教育在应用模式创新、提高设备资源应用效率与效益、提供全面技术支持服务等方面尚需努力。

应用系统建设尚未形成完整体系，缺乏立足教育信息化建设的总体规划，缺少信息资源开发利用体系，信息资源开发利用水平不高。完整的信息标准和交换标准规范体系建设进展缓慢，“信息孤岛”现象突出，业务数据难以为管理层提供强有力的决策支持。各教育业务系统缺乏统一的应用架构和信息安全保障体系。信息技术应用水平不高，许多重要业务功能尚没有进入目前的业务系统。

7. 优质教育信息资源缺乏，整合难度大

教育信息资源总体缺乏，特别是优质资源匮乏。社会资源向教育系统的开放不够。资源分散，重复建设，标准化程度低，整合与共享难度大，未建成良好的共建共享机制。对特色教育资源建设、国产软件扶持力度不够，缺少具有自主知识产权的、易学好用、高效多能的平台工具型教育软件。未形成规范有效的教育软件和教育资源政府采购制度。资源的管理与利用工作不到位，已有资源的深入应用程度低，师生没有充分享受到有效的教育技术成果。

基础教育课程改革亟须课程资源加快更新，不同类型、不同地区的特色职业教育资源长期缺乏，特别是能够适应我国技能型紧缺人才培养和西部农村农民技术培训需要的课程建设需求尤为迫切。基础教育的学科教学依赖通用的办公软件和课件制作软件，学科专用教学软件的应用较少，不利于学科教学与信息技术的深层融合。

8. 教育信息化相关产业发展缓慢且面临诸多问题

家用电脑的增加和小康社会中教育消费的增加，使中国教育信息产业的发展前景广阔，但目前总体上发展缓慢且面临诸多问题。在软件类型上，多数厂商集中于开发学校信息化的管理和服务性软件，学科相关的教育软件缺乏，没有达到帮助学校探索新型教育教学模式的目的。在教育产品的设计与开发上，存在的主要问题有：低水平重复，同质化严重，产品大同小异；教育软件与其他形式的教育产品整合不够；标准缺失，无法实现产品的模块化和通用化；开发队伍教育背景薄弱，在开发商品方面缺乏合理的教学系统设计与规划；缺乏商业模式的创新。

9. 标准建设与应用明显滞后，标准采用率低

教育信息化标准的制定与推广亟待加强。标准的起草、审批、颁布与推广工作较实践明显滞后，标准采用率低，导致在资源系统与信息系统建设中孤岛

现象明显。标准实施的协调、指导、培训、监督与评估能力均不足，已发布的标准不能有效地在信息化项目的设计与实施中得到贯彻。

四、编制我国教育信息化规划的必要性与紧迫性

（一）应对激烈的国际竞争，制订我国的教育信息化规划刻不容缓

面向未来，21世纪的学习者应成为终身学习者，教育信息化的发展趋势就是让每个学习者可以随时随地获取学习资源，信息技术通过提供参与式的环境和工具来帮助学习者理解和掌握学习内容，从而支持他们的学习过程。21世纪的教学还应是个性化、个别化、差异化的，技术应为学习者提供个性化的服务，学习者可以定制个性化的学习内容，享受个性化的学习方式。

教育信息化已经成为发达国家乃至许多发展中国家提高全民素质、增强创新能力和国家竞争力的重要战略。2008年7月，英国教育传播与技术管理局提出了“下一代学习运动”，制定了到2014年推进英国基础教育信息化的系统战略，这是英国政府以技术促进学习型国家建设、实施信息化教育战略的重要举措。2010年10月，日本文部科学省发布了《教育信息化指南》，对学校开展信息与通信技术教育、对学生的指导、信息化的推进、信息体制化建设等方面进行了规划。2010年11月，美国教育部教育技术办公室颁布了《国家教育技术规划2010》，提出了“变革美国教育—技术给力学习”的目标，提出通过信息技术将学习者、教育者、学习内容、学习工具、学习资源和学习环境进行连接从而重构教学模式，体现了通过信息化带动美国的教育系统整体变革的重要战略。为应对信息化、全球化、知识经济和可持续发展的国际挑战，我国的教育信息化规划工作应在密切关注其他国家推进教育信息化的经验教训基础上，确定我国的教育信息化发展目标，增强我国的教育竞争力。

从发达国家教育信息化的经验来看，国家宏观教育信息化发展规划必不可少。而教育的公益性特征，也决定了教育信息化工作的推动必须以政府为主导。以美国为例，1996—2010年美国的四个教育技术计划关注的侧重点的变化，可以看到最近十几年美国教育技术发展在良好规划引导下的稳步发展。美

国教育技术的发展始于基础设施的发展，首先加强信息技术基础设施建设，如各类学习场所教育设备的配置、网络的建设等，当然也包括部分技术的支持和学习资源的投资，以及教师的教育技术能力培训，这些均为技术在教育中的运用做好了铺垫。教育信息化的发展既是综合性的系统工程，也是循序渐进的可持续的发展过程，必须结合我国的具体情况，制定符合我国国情的教育信息化发展道路和具体措施。

未来的国际竞争，说到底还是人才的竞争，教育信息化对于未来教育的发展至关重要。为应对未来国际竞争，实现我国建设学习型社会和人力资源强国的目标，迫切需要出台国家性的教育信息化规划文件，指导全国的教育信息化工作。在未来数年中，必须加大我国教育信息化投入和加强建设，赶超教育信息化发展先进国家，提升我国的教育现代化水平。

（二）面向国内教育发展的需求，制订教育信息化规划迫在眉睫

胡锦涛总书记在2010年全国教育工作会议上提出的“以教育信息化带动教育现代化”的重要思想，以及《教育规划纲要》对教育信息化的重要表述和总体部署，将教育信息化的战略地位提到了前所未有的高度。站在新的起点、面对新的要求，要全面贯彻落实《教育规划纲要》，必须充分认识信息技术对教育的革命性影响，充分发挥信息技术对教育改革发展强大而独特的支撑作用，对未来一段时期的教育信息化工作进行整体设计、全面部署。必须准确把握教育信息化发展趋势，认真分析我国教育信息化所处发展阶段，总结我国推进教育信息化的经验，突破以往仅靠项目驱动的教育信息化推进方式，加强顶层设计与体系建设，统筹谋划，协同推进。

经过十多年的努力，我国教育信息化工作取得了显著成绩。教育信息化的重要性逐步得到了全社会的广泛认同；教育信息基础设施建设已经具备一定规模，全国近半数的省份不同程度地建设了区域教育网，全国约16%的小学、46%的初中、77%的高中建立了校园网；信息化手段在各级各类教学实践中逐步得到应用；信息化投入与建设被多数省市列为地区工作重点。同时，我国各级各类教育规模庞大，信息化需求多样；教育信息化发展的区域性差异明显，很多偏远地区和农村地区的信息化基础薄弱；教育经费整体投入不足，信息化建设经费更加缺乏。总的来说，我国的教育信息化工作正处于进一步深入发展的关键阶段，迫切需要从国家层面统筹解决制约教育信息化发展的关键问题。

从微观上看，如何发挥信息技术的作用、有效提升教育质量，仍然是困扰基层教育工作者的重大问题。在教育信息化的初级阶段，信息技术的应用仍处于“新瓶装旧酒”的模式，即传统教学方式方法的电子化。比如，简单地将纸质内容转化为数字化内容的教材电子化，简单地将课程内容和讲课视频搬到网上，仍然采用以教师为中心的应用模式。“新瓶装旧酒”不但不能充分发挥信息技术对教育改革发展的带动作用，甚至还有可能成为阻碍教学发展的因素。例如，电子幻灯片（PPT）教案的普及，在简化教师的备课过程的同时，有可能形成教师照本宣科、学生眼花缭乱的结果，反而影响了教学效果。在教育信息化的深层次应用阶段，信息技术的应用应是“新瓶酿新酒”的模式，涉及教学模式的创新、教学方法的变革、教学内容的优化、教学工具的更新等。应通过教学流程整合、重组，彻底变革传统教学模式；通过学习方法推陈出新，学习活动在多空间重构，变革传统的学习方法；通过将信息技术最新发展成果与课程教学内容紧密结合，实现教学内容的优化；通过教学、学习工具全面变革，促进学习环境发生质变。这些教育理念与方法的变革，需要通过国家层面积极倡导、通过学校信息化建设试点来引导、通过技能考核等制度来促进。

从宏观上看，教育信息化发展除了涉及教育教学环节，还与教育信息基础设施、教育信息化人员队伍、教育经费投入机制等各因素相关，内容包括信息化工程建设、教育信息化制度保障、教师应用能力培训、教育信息化专业人才队伍培养等很多全局性、关键性问题，迫切需要从国家层面统筹谋划解决，促进我国教育信息化全面、协调、可持续发展。

（三）制订和实施教育信息化规划意义重大

进入新世纪以来，信息技术广泛渗透经济和社会的各个方面，人们的生产方式、生活方式以及学习方式正在发生深刻变化，全民教育、优质教育、个性化学习和终身学习已成为信息时代教育发展的重要特征。面对日趋激烈的国力竞争，世界各国普遍关注教育信息化在提高国民素质和增强国家创新能力方面的重要作用，纷纷出台战略规划和采取重大举措加快教育信息化发展。制订和实施我国《教育信息化规划》，建设覆盖城乡各级各类学校的教育信息化体系，促进优质教育资源普及共享，推进信息技术与教育教学深度融合，实现教育思想、理念、方法和手段全方位创新，对于提高教育质量、促进教育公平、构建学习型社会和人力资源强国具有重要意义。

1. 制订和实施教育信息化规划是缓解教育发展中诸多矛盾的有效途径

制订和实施教育信息化规划，大力发展教育信息化，有利于优化教育结构，合理配置教育资源，缩小区域城乡教育差距，提高教育质量和管理水平，提高教育投资效益，推进素质教育和创新型人才培养，建立透明、开放的教育行政环境，将使教育发展全局中的一系列紧迫问题得到不同程度的解决。

2. 制订和实施教育信息化规划是实现教育现代化的突破口

国内外许多成功经验表明，离开教育的信息化，就谈不上教育的现代化。制订和实施教育信息化规划，大力发展教育信息化，有利于促进教育的全面创新，推动教育体制、思想、观念、模式、内容、方法等方面的深刻变革，率先初步实现现代化。

3. 制订和实施教育信息化规划是构建中国特色现代化教育体系的内在要求

制订和实施教育信息化规划，大力发展教育信息化，是普及九年义务教育、提高高等教育质量、扩大职业教育、成人教育和继续教育规模、实现各级各类教育协调发展的迫切需要，是构建完善的现代国民教育体系和终身学习体系的内在要求。

4. 制订和实施教育信息化规划是促进科技创新和实施科教兴国、人才强国战略的重要举措

制订和实施教育信息化规划，加快教育信息化建设，营造知识共享的基础环境，促进知识创造、传播和利用，提高师生和科研人员获取科技信息的速度和质量，是提高国家创新能力的基本内容。

制订和实施教育信息化规划，加快教育信息化建设，改革教育模式，改变教学方式，提高教育质量，扩大受教育范围，建立适应信息化教学环境的师资队伍，快速造就数以亿计的高素质劳动大军，推进终身教育和学习，提高全民信息素养，是实现我国从人口大国向人才强国转变的关键举措。

5. 制订和实施教育信息化规划是构建学习型社会与和谐社会的有力保障

制订和实施教育信息化规划，大力发展教育信息化，与有关部门通力协作，构建覆盖全国的终身教育平台，逐步保证每个公民都能随时随地获取所需教育资源，是构建全民学习、终身学习的学习型社会的必要手段，也是保障教育公平、促进社会和谐的前提条件。

第二章

编制思路和过程

《教育规划纲要》明确指出：“信息技术对教育发展具有革命性影响，必须予以高度重视。”以教育信息化带动教育现代化，已经成为信息时代我国教育改革和发展的重要战略决策。2011年3月，作为落实《教育规划纲要》的一项重要举措，我国《教育信息化规划》编制工作正式启动。

一、规划编制的总体思路

(一) 定位有限目标

教育信息化对教育现代化的作用主要体现为“支撑”和“引领”，它并不能解决教育发展的所有问题。《教育信息化规划》是一个特定前提下的有限目标规划，定位于落实《教育规划纲要》对教育信息化的总体部署和要求，重在研究提出各级各类教育改革发展中适合运用信息技术解决的重点和难点问题，以及解决这些问题的思路和方案。

(二) 面向未来需求

面对日新月异、迅猛发展、深入渗透的信息技术，以及建设教育现代化、学习型社会和人力资源强国对信息化的巨大需求，《教育信息化规划》力图前瞻和梳理未来十年信息技术与教育的发展趋势与融合需求，研究提出与教育现代化发展目标相适应的、体现“信息技术对教育革命性影响”的教育信息化发展战略、推进思路和实施方案。

（三）着力推动融合

参照联合国教科文组织对信息技术在教育教学中的应用阶段划分，我国教育信息化总体处于“初步应用整合”阶段，正在向“融合创新”阶段迈进。未来十年发展的重点应是：推进信息技术在教学、管理、科研等方面的深入应用，实现信息技术与教育的全面深度融合，变革教育理念、模式与方法，支撑教育创新发展。教育信息化不是信息技术在教育领域的简单应用，重点在“化”，即信息技术与教育的融合；融合程度越深，教育信息化发展水平就越高，对教育现代化的促进作用就越明显。《教育信息化规划》的编制秉承了上述“推进融合创新”的核心理念，强调应用驱动，不以购买软硬件设备为导向，不以生机比、师机比这样的生硬指标为衡量教育信息化发展水平的标志，强调实际应用和实施效果。

（四）强调可持续发展

教育信息化不是一次性投入的建设项目，而是需要持续推进的历史进程。《教育信息化规划》从组织领导、队伍建设、体制机制、重大项目、技术服务、经费投入等多个方面对保障教育信息化的可持续发展进行了重点表述，并从发展任务和保障措施两个角度重点强调了“管理体制改革”。

二、规划的顶层设计

教育信息化是涉及多个层面的复杂的系统工程，制订《教育信息化规划》需要实施顶层设计。顶层设计，在工程学的本义是统筹考虑项目各层次和各要素，追根溯源，统揽全局，在最高层次上寻求问题的解决方法。《教育信息化规划》编制的顶层设计，表现为强调全局性的部署和安排。需对全国教育信息基础设施、人员队伍、体制机制等方面的整体性、全局性的问题进行分析；需从宏观战略的高度进行科学规划，区分各项任务的重点和难点，制定教育信息化发展的目标和基本标准，并注重教育资源的合理配置和优化布局。

《教育信息化规划》编制的顶层设计，包括分析现状与需求、确定目标任务、制定行动计划、设计保障体系等步骤。分析现状与需求，即分析我国教育信息化的现状，判明我国教育信息化的发展需求。确定目标，即明确我国教育信息化的宏观发展目标和各领域发展任务。制定行动计划，即描绘从现实状态实现发展目标、落实发展任务的具体途径和方法。设计保障体系，即研究提出保障教育信息化工作在全国范围内全面、协调、可持续发展的体制机制、人员队伍、支撑体系等内容。

（一）分析现状与需求

规划编制专家组对我国教育信息化的现状和需求，从各级各类教育发展、教育信息化共性要素、信息化工作推进等层面进行了分析，得出以下结果。

从各级各类教育发展来分析，获得了表1的结果。可以看出，由于基础条件不同、教育改革发展的要求不同，基础教育、职业教育、高等教育、继续教育等各级各类教育的信息化发展目标和重点也不尽相同。例如，在基础教育方面，实现教育公平、促进义务教育均衡是主要发展目标；而在高等教育方面，实现优质教育、促进技术与教育的深度融合是主要发展目标。

表1　我国各类教育信息化发展现状与需求

教育类型	信息化发展现状	需求关键词
基础教育	基础设施薄弱，资源共建共享水平低，区域发展不均衡	均衡、公平
职业教育	实践教学资源缺乏，产业对接水平较低，校校通尚未实现	实训、对接
高等教育	基础设施、资源建设初具规模，但质量有限，应用水平不高	优质、融合
继续教育	网络办学初步实践，资源积累基础薄弱，开放大学尚未形成	个性、灵活

从教育信息化的共性要素来分析，获得了表2的结果。可以看出，基础设施、资源与应用、管理信息化，分别可类比对应于教育信息高速公路的“道路”、“车辆”、“监管”与“养护”，都存在不同程度的问题。例如，基础设施的发展不均衡，需要解决薄弱地区的有无问题，解决优势地区的性能提升问题；保障体系方面，目前缺乏有效的资金投入机制而且标准规范的执行不到位。

表 2　我国教育信息化共性要素发展现状与需求

信息化要素	信息化发展现状	需求关键词
基础设施	天地网络初步成形，互联互通有待加强，宽带尚未普及	解决有无、普及覆盖、性能提升
资源与应用	资源初具规模，数量、质量均显不足，共建共享机制尚未形成	有无、能用、好用
管理信息化	单个业务系统较多，业务环节尚未全部覆盖，信息孤岛问题突出	单个应用、数据互通、流程再造
保障体系	组织体系未理顺，资金投入机制未形成，标准规范执行不到位	理顺机制、确保投入、规范发展

从信息化工作推进来分析，获得了表 3 的结果。可以看出，教育信息化的工作推进，既涉及与教学、科研、管理等方面融合的思想意识、管理机制等问题，也涉及经费投入、人员队伍等工程要素问题，需要在教育信息化规划中统筹考虑。

表 3　我国教育信息化工作推进中存在的问题

问题	描述
意识问题	虽然《教育规划纲要》确定了信息技术对教育发展具有“革命性影响”，但尚未得到全面、清晰认识和重视
机制问题	教育信息化的政策执行和管理机制尚不健全，权责划分尚不够明晰，多方参与机制尚未形成
经费问题	经费总体投入不足，缺乏持续性、长效性投入机制，且经费使用也不尽合理，“重硬轻软”问题普遍存在
队伍问题	专职人员队伍建设不足，岗位编制、评聘体系等方面尚存在一定问题，人员培训与服务体系尚未形成

（二）确定目标任务

规划编制专家组对我国教育信息化的目标任务，从整体发展水平、宏观发展指标等方面进行了研究。

首先，研究确定我国教育信息化整体发展的 2020 年目标。参考 2004 年联合国教科文组织亚太地区“教师技术—教学整合能力标准”，划分信息技术在教育中的应用程度。我国目前的教育信息化发展正处于初步应用整合阶段，而美国、英国、日本等发达国家已经逐步进入融合创新阶段。为了应对国际竞争、满足人民群众的需求，力争到 2020 年进入全面融合创新阶段是十分必要的（如图 2 所示）。另一方面，考虑到我国教育信息化发展水平与国际先进水平相比依然存在很大差距，今后十年的教育信息化建设也必然是在有限投入的前提下达成有限目标的过程，期望在 2020 年全面达到国际领先水平是有困难的，因此，将我国教育信息化的十年目标定位为“整体上接近国际先进水平”是比较现实的选择。

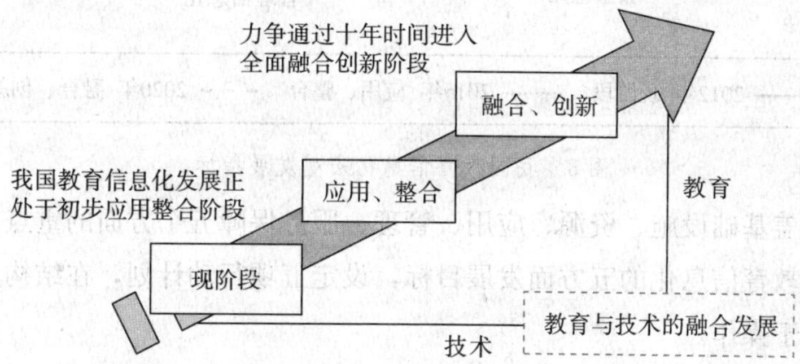

图 2　我国教育信息化应用水平的发展阶段目标

其次，需要确定我国教育信息化的宏观发展指标。参考国内外教育信息化的发展评价研究成果，设定了基础设施、资源、应用、管理信息化、保障体系等五个方面的发展指标。到 2020 年的发展指标表述为：在基础设施方面，基本实现宽带网络的全面覆盖；在教育资源方面，基本建成人人可享有优质教育资源的信息化学习环境；在应用水平方面，信息技术与教育融合发展的水平显著提升；在保障体系方面，基本形成学习型社会的信息化支撑服务体系；在基础设施建设方面，基本实现宽带网络全面覆盖；在教育管理信息化方面，教育管理信息化水平显著提高，如图 3 所示。

（三）制订行动规划

为了实现我国教育信息化的发展目标，推进落实各项发展任务，需要统筹安排，制定具体的行动计划和切实可行的行动措施。

从结构上讲，一方面，为完成教育信息化的各项发展目标，行动计划的设

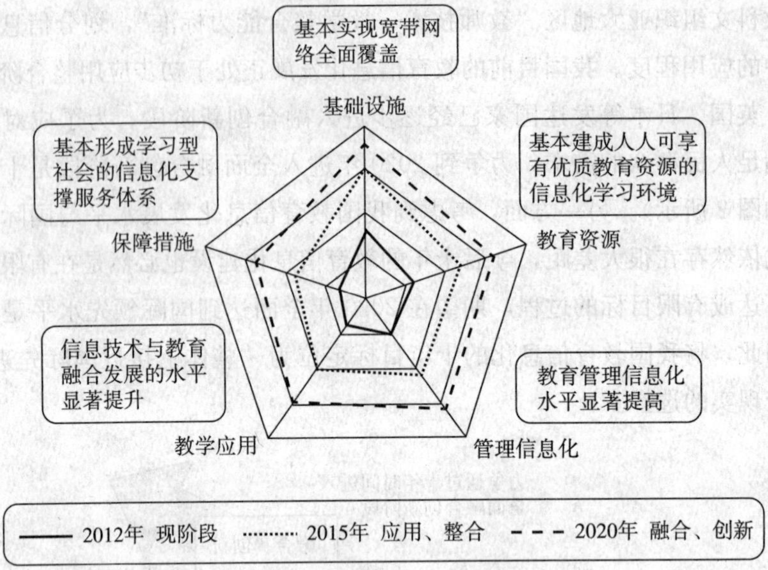

图 3　我国教育信息化宏观发展指标

计必须涵盖基础设施、资源、应用、管理、服务保障五个方面的重点内容，因此，根据教育信息化的五方面发展目标，设定五项行动计划，在结构上比较清晰，也便于操作。

从顺序上讲，经过前期的发展，我国教育信息基础设施建设已经初具规模，再强调以基础设施为优先重点建设内容，显得不太适宜，也不符合国际发展趋势；因此，后续的发展重点应该逐步转移到以资源和应用为先导，同时也兼顾基础设施建设的轨道上来。考虑到上述的原因，五项行动计划内容的排列顺序应该是资源、应用、管理、服务保障、基础设施。

从时间上讲，一方面，为便于行动计划的实施，以五年为单位来安排建设内容，比较符合项目实施规律，也便于纳入国家的五年计划体系，易于操作；另一方面，信息技术发展迅速，近五年的发展趋势和预期需求还能基本把握到，但五年以后的教育信息化发展需求和技术发展态势就很难预计了。因此，将十年规划中的前五年作为重点考虑，安排较为详细、明确的建设内容，并确定具体指标，而将后五年作为调整、巩固期，安排较为宏观、概要的内容，是行动计划内容安排上比较理性的选择。

基于上述原因，规划编制组确定了我国教育信息化的行动计划的层次化组织架构，如图 4 所示，具体包括五个层面的内容：公共基础设施层，包括基础信息网络、云服务平台等，是所有教育信息化实施的技术基础和支持条件，虽然经过前期建设，我国教育信息基础设施已具备一定的基础，但仍需持续深入普及和提升；数字教育资源层和管理信息化层，是建构在基础能力条件之上的两项重要行动内容，主要着眼于解决各级各类教育机构开展教学所需教育资源内容的问题，以及数据互通与教育业务整合的问题；教育信息化应用层，着重于提升应用水平，涵盖各级各类教育机构和学校开展教学、科研和管理等各项信息化应用；贯穿上述各层面的是教育信息化支撑服务体系，涉及能力培训、标准推广、研究开发和后备人才培养等各项保障措施，是保障前述四项工作可持续发展的重要支撑。

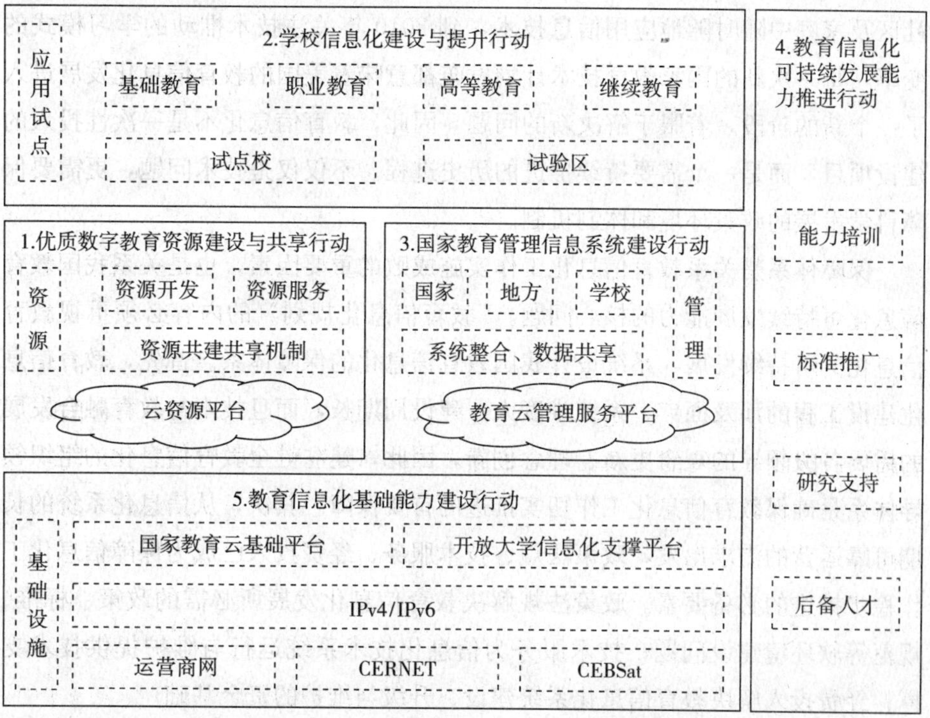

图 4　我国教育信息化的行动计划组织架构

在各层面将分别启动相应的教育行动计划：在公共基础设施层启动教育信息化基础能力建设行动，完善教育基础网络、建设国家教育云基础平台、建设开放大学信息化支撑平台；在数字教育资源层启动优质数字教育资源建设与共享行动，在教育云基础平台上构建教育云资源平台、实现数字教育资源的共建共享机制；在教育管理信息化层启动国家教育管理信息系统建设行动，依托教育云基础平台建设云教育管理服务平台；在教育信息化应用层启动学校信息化建设与提升行动，通过达标建设、试点先行、示范引导等方式，提升基础教育、职业教育、高等教育、继续教育的信息化应用水平；在教育信息化支撑服务体系方面，启动教育信息化可持续发展能力推进行动，实施能力培训、推广教育技术标准、建设教育技术与战略研究基地、建设后备人才梯队。

（四）设计保障体系

教育信息化的发展是一个循序渐进的过程，不可能一蹴而就。以美国的国家教育技术计划为例，从 1996 年开始加强信息技术基础设施建设，进而转向关注信息技术设备在教学和学习中的利用率，支持和鼓励学生在教室、学校、社区及家庭中随时随地应用信息技术，到 2010 年关注技术推动的学习模式的变革，每一次新的国家教育技术计划发布都意味着美国的教育信息化发展进入了一个新的阶段，着眼于解决新的问题。因此，教育信息化不是一次性投入的建设项目，而是一个需要持续推进的历史进程。不仅仅是技术问题，更需要保障科学发展的政策环境和体制机制。

保障体系是关系教育信息化工作实施成败的重要因素，也是关系我国教育信息化可持续发展能力的核心问题。《教育信息化规划》的内容必须重视教育信息化的可持续发展，系统设计我国教育信息化的保障体系。首先，教育信息化建设工程的涉及面广、系统难度大、建设周期长，而且技术与教育融合发展的需要各级领导的观念更新、理念创新，因此，建立健全教育信息化的组织领导体系是确保教育信息化工作切实推进的首要保障。其次，从信息化系统的长期可靠运营的需求出发，政策法规、技术服务、经费投入已成为保障信息化工作稳步推进的必备要素。政策法规解决教育信息化发展所必需的政策、标准、规范等软环境建设问题；技术服务为信息化技术系统运行与维护提供技术支撑；经费投入解决教育信息化系统建设、升级与维护的资金基础。

基于上述考虑，《教育信息化规划》提出了组织领导、政策法规、技术服务、经费投入四个方面的保障措施。

三、规划编制过程

（一）规划编制的组织管理

2011年3月初，经教育部领导批准，成立了规划编制工作组和专家组。

规划编制工作组由国家教育体制改革领导小组办公室、教育部科技司、教育管理信息中心有关负责人和相关同志组成，负责统筹推进规划编制各项事宜，组长由教育部科技司司长王延觉担任。

规划编制专家组由国家信息化专家咨询委员会委员、中国互联网协会常务副理事长、中国教育技术协会常务副会长、全国教师教育信息化专家委员会秘书长、中国高等教育学会教育信息化分会理事长等二十多名国家信息化和教育信息化资深专家组成，具体承担调研、起草、征求意见等规划编制各项工作，组长由华中师范大学校长杨宗凯担任。规划编制专家组办公室设在由教育部批准依托华中师范大学建设的教育信息化战略研究基地（华中）。

（二）规划编制的简要进程

《教育信息化规划》编制工作是在教育部党组直接领导下进行的，自2011年3月10日正式启动，至2012年3月13日《教育信息化规划》正式发布结束，历时一年时间。

《教育信息化规划》编制工作正式启动以来，工作组和专家组开展了多次调研、起草和征求意见工作，多次向教育部领导汇报，综合各方意见，不断修改完善。2011年6月中旬形成征求意见稿，7月中旬形成征求意见稿第二稿，9月底形成征求意见稿第三稿，11月初，形成《教育信息化规划》（送审稿）报教育部党组审阅。2011年11月15日，教育部部长专题办公会对《教育信息化规划》进行了专题研究。2011年12月27日，国家教育体制改革领导小组会议审议通过《教育信息化规划》（送审稿）。2012年2月21日，教育部部党组会议审议通过《教育信息化规划》（报批稿）。2012年3月13日，教育部正式印发了《教育信息化十年发展规划（2011—2020年）》。

（三）规划编制的主要做法

规划编制过程坚持了以下好的做法，保障了编制工作的规范、顺利开展及工作成果的高质量、高水平。

一是加强领导，把握正确方向。2011 年 2 月 15 日，教育部部长办公会审议通过了科技司起草的《教育信息化工作总体设想》，这是本规划编制的工作基础。《教育信息化规划》编制期间，国务院领导和教育部领导对《教育信息化规划》编制工作高度重视，多次听取《教育信息化规划》编制工作汇报。教育部副部长杜占元亲自指导《教育信息化规划》编制工作，多次与工作组和专家组深入讨论，并给出诸多指示和修改意见。

二是深入调研，奠定坚实基础。2011 年 3 月，邀请了教育部相关司局领导讲解各领域教育现状和发展需求。2011 年 4 月，规划编制专家走访了青海、江苏、湖北、云南等地数十所大中小学和职业院校，并与当地教育部门座谈，调研了各地教育信息化现状、问题和发展需求。此外，专家组还积极参加相关会议，研究借鉴《2006—2020 年国家信息化发展战略》、教育部有关专项规划、各地教育信息化现状和规划等相关资料。另一方面，专家组积极调研了世界各国近年来发布的重要的国家级教育信息化发展战略和政策规划，对国外一些好的做法和案例进行了广泛调查，对我国教育信息化的发展水平及在世界各国中所处的地位进行了深入分析，确定了我国教育信息化的后续发展目标、重点任务和具体思路。

三是多方协作，体现各方诉求。教育信息化涉及教育的方方面面。本规划编制过程中，十分注重听取有关部委、教育部各单位、地方教育部门、学校、专家、企业等各方意见，集思广益，谋求共识，力图满足各方诉求。2011 年 3 月中旬，《教育信息化规划》编制启动不久，即召开座谈会听取信息化领域高层专家意见。《教育信息化规划》编制过程中，邀请了教育部多个相关司局、国家教育发展研究中心领导和有关处室负责人参与《教育信息化规划》部分环节起草工作。先后组织了三轮正式征求意见工作。第一轮征求意见自 2011 年 6 月中旬开始，7 月初结束，就《教育信息化规划》（征求意见稿）书面征求了教育部各司局和有关直属单位、各省级教育行政部门、各计划单列市教育局和部属各高校意见，采纳了部分合理化建议。第二轮征求意见自 2011 年 7 月下旬开始，8 月中旬结束，在北京、杭州、西安组织召开了三场座谈会，就《教育信息化规划》（征求意见稿第二稿）听取了东中西部 18 个省（自治区、直辖市）的教育部门、大中小学和职业学校意见，并走访了教育部基础一司、基础二司、高教司、职成司等有关司局，然后根据座谈和走访情况对《教育信息化规划》文本进行了深入修改。第三轮征求意见自 2011 年 10 月初开始，11 月上旬结束，就《教育信息化规划》（征求意见稿第三稿）书面征求了教育部各司局和有关直属单位、各省级教育行政部门、各计划单列市教育局、部属各高校、高层专家和有关部委（发改委、财政部、工信部、科技部、人保部、质检总局、广电总局、国防科工局）意见，并召开座谈会听取了 18 家国内外知名企业意见。

综上所述，《教育信息化规划》的编制过程始终坚持了正确的领导方向，始终重视满足各级各类教育发展对信息化的需求，始终重视调查研究和多方协作。规划的顺利出台是教育部领导、部内各单位、各地教育部门、各级各类学校、有关部委、众多专家、相关企业等有关各方共同努力的结果，是集体智慧的结晶。

第二部分　内容解读

第三章

结构导读

一、规划内容的总体结构

《教育信息化规划》由序言、总体战略、发展任务、行动计划、保障措施、实施 6 部分组成，共 20 章，总体内容结构如图 5 所示。

“序言”部分描述了时代背景和国内外发展态势，阐述了教育信息化的重要作用，展望了未来发展，提出用十年左右的时间，初步建成具有中国特色的教育信息化体系，整体接近国际先进水平。

“第一部分　总体战略”在分析现状与挑战的基础上，系统阐述了教育信息化工作开展的指导思想和工作方针，提出了未来十年教育信息化工作的发展目标。

“第二部分　发展任务”提出了为实现规划目标各级各类教育信息化需推进落实的 8 项主要任务。

“第三部分　行动计划”提出了为完成发展任务需在近期组织实施的 5 项行动。

“第四部分　保障措施”提出了为确保完成发展任务、顺利实施行动计划而采取的 4 项政策措施。

“实施”部分对各地、各部门贯彻落实规划提出了 5 项原则要求。

其中，“第二部分　发展任务”、“第三部分　行动计划”和“第四部分　保障措施”是规划的主体部分，三者之间的关系如图 6 所示。

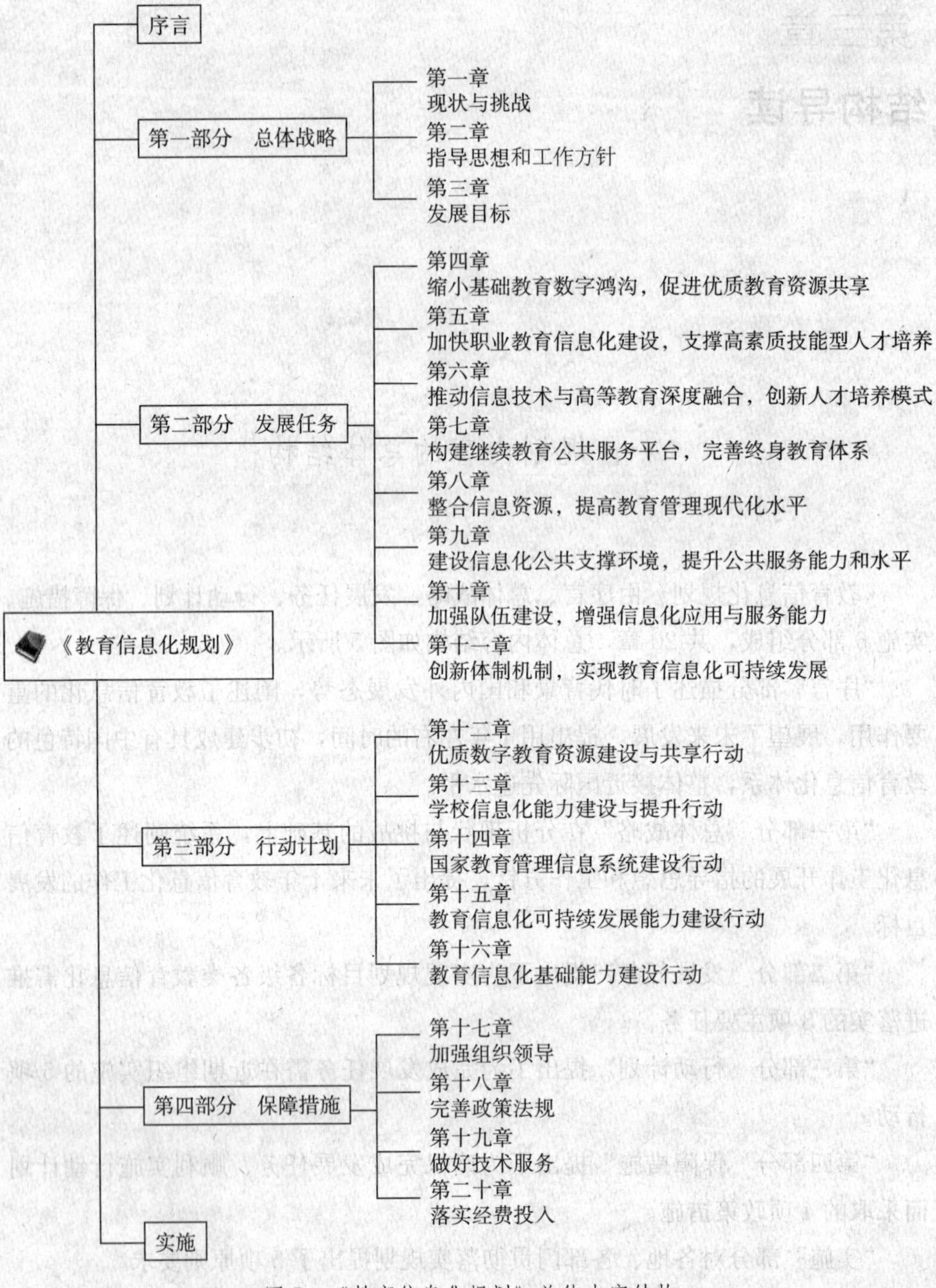

图 5　《教育信息化规划》总体内容结构

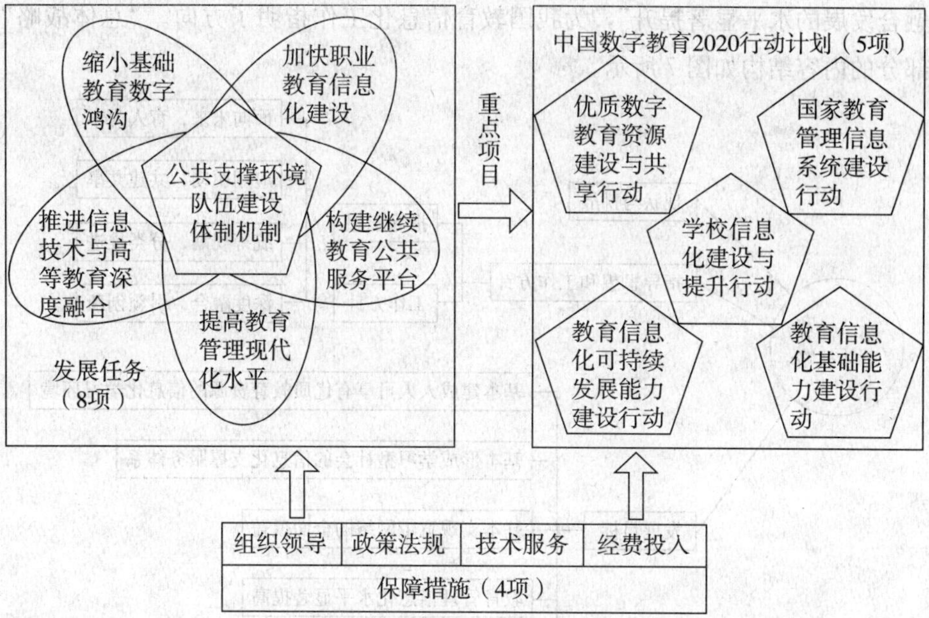

图 6 《教育信息化规划》主体部分的结构关系

二、“第一部分 总体战略”的内容结构

“第一部分 总体战略”是教育信息化规划的总纲，包括第一、二、三章。第一章概述了我国教育信息化工作取得的巨大成就，剖析了教育信息化工作面临的挑战，分析了教育信息化工作存在的矛盾和问题。第二章系统阐述了未来十年我国教育信息化的指导思想，提出了“面向未来，育人为本；应用驱动，共建共享；统筹规划，分类推进；深度融合，引领创新”的 32 字工作方针。第三章从立足国内发展需要和在激烈的国际竞争中赢得主动位置的战略考虑，提出了未来十年我国教育信息化的发展目标，包括“教育信息化整体上接近国际先进水平、对教育改革和发展的支撑与引领作用充分显现”的总体发展目标和“三基本、两显著”的 5 个层面的具体目标，即“基本建成人人可享有优质教育资源的信息化学习环境，基本形成学习型社会的信息化支撑服务体系，基本实现宽带网络的全面覆盖，教育管理信息化水平显著提高，信息技术与教育

融合发展的水平显著提升”，为我国教育信息化工作指明了方向。“总体战略”部分的内容结构如图 7 所示。

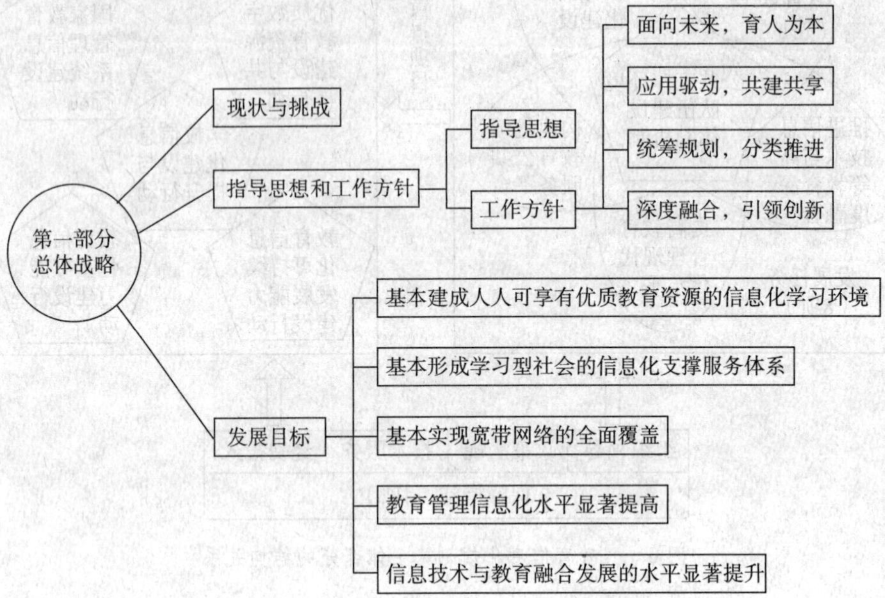

图 7 “总体战略”部分内容结构图

三、“第二部分 发展任务”的内容结构

“第二部分 发展任务”包括第四至第十一章，是为完成规划总体目标，对各级各类教育信息化进行的统筹规划和具体部署，描绘了我国教育信息化到 2020 年的宏观发展蓝图。该部分内容定位于推进落实《教育规划纲要》关于教育信息化的总体部署和目标要求，是特定前提下的有限任务，不涉及与信息化无关的教育自身发展问题。

教育信息化是信息技术和教育的复合交叉领域，为保证内容完整并避免交叉重复，“第二部分 发展任务”采用教育和信息化的双重视角，提出了为实现规划目标需要落实的 8 项主要任务，重点是推进信息技术与教育的全面深度融合，变革教育理念、模式与方法，支撑教育创新发展。该部分的内容结构和双重视角关系分别如图 8 和图 9 所示。

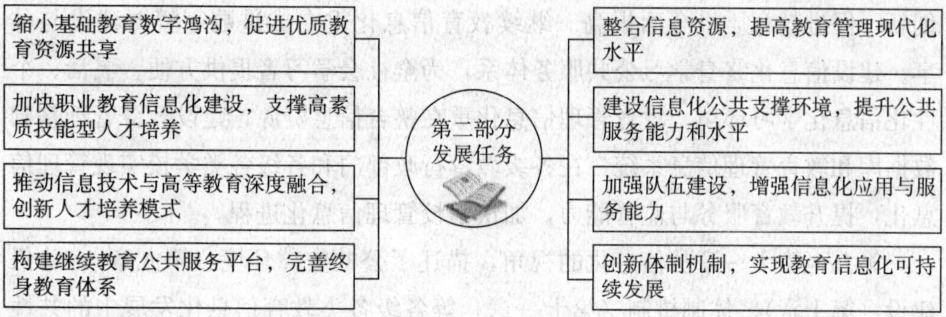

图 8 “发展任务”部分内容结构

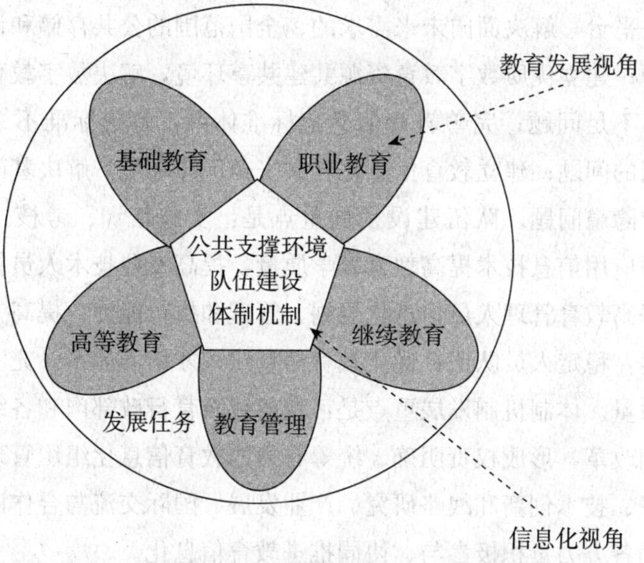

图 9 “发展任务”中教育发展和信息化的双重视角

第四至第八章从教育发展的视角，描述了基础教育（第四章）、职业教育（第五章）、高等教育（第六章）、继续教育（第七章）、教育管理（第八章）等各级各类教育信息化发展的主要任务并各有侧重。其中，基础教育信息化重在缩小地区、城乡和学校之间的数字化差距、推进信息技术与教学融合并培养学生信息化环境下的自主学习能力。职业教育信息化重在加强数字校园建设，开发优质教育资源和关键应用，促进教育与产业、学校与企业、专业与岗位、教材与技术深度结合，提升实践教学水平。高等教育信息化重在推进信息技术与高等教育深度融合，创新人才培养、科研组织和社会服务模式，推动文化传承创新，促进教育质量全面提高。继续教育信息化重在推进数字资源建设与共享、建设信息化终身学习公共服务体系，为全社会学习者提供方便、灵活、个性化信息化学习环境。教育管理信息化重在整合信息资源，建设教育管理基础数据库和教育管理信息系统，在各级教育行政部门和各级各类学校实现管理信息化，提升教育服务与监管能力，加快学校管理信息化进程。

第九至第十一章从信息化的视角，描述了公共支撑环境（第九章）、队伍建设（第十章）、体制机制（第十一章）等各级各类教育信息化发展中的共性问题。其中，公共支撑环境发展重点是：建设国家教育宽带网络，解决教育信息网络普及率低、发展不均衡、农村和偏远地区学校接入困难的问题；搭建国家教育云服务平台，解决面向未来需求的、全国范围的公共存储和计算基础设施缺失的问题；建立优质数字教育资源共建共享环境，解决数字教育资源结构性短缺和共享不足问题；完善教育信息化标准体系，解决标准不一、共享困难、采标率低的问题；建立教育信息化公共安全保障环境，解决基础设施和信息系统的安全隐患问题。队伍建设发展重点是：实施培训、考核、评价或认证，帮助教师应用信息技术提高教育教学质量，提高专业技术人员技术水平和服务能力，提高教育管理人员信息化规划、管理和执行能力；提高专业技术人员地位和待遇，稳定人员队伍；优化教育信息化人才培养体系，充实教育信息化后备人才力量。体制机制发展重点是：在各级教育行政部门和各级各类学校推进管理体制改革，形成权责明确、统筹有力的教育信息化组织管理体系；在资源共建共享、技术创新和战略研究、产业发展、国际交流与合作四个方面创新机制，调动各方力量积极参与、协同推进教育信息化。

为清晰展现各领域教育信息化 2020 年应达到的水平和呈现的主要特征，《教育信息化规划》在第四至第八章专门设计了 5 个专栏，引导各地区、各学校教育信息化的发展方向。由于我国区域间经济社会发展不平衡，学校间的建设现状和发展需求也不尽相同，各级各类教育信息化难以提出全国通用的量化指标，所设计的专栏内容都是指向性的定性描述，具体定量指标由各地区、各学校在制订各自的教育信息化规划时，根据发展现状和实际需求而研究确定。例如，《教育信息化规划》中将解决“公平、均衡”作为基础教育信息化的重点，将实现“融合、创新”作为高等教育信息化的重点，都是相对于全国平均发展水平而言的。对于部分经济条件较好地区的基础教育学校，如果已经具备了较好的基础条件，则信息化应用完全可以考虑从普及应用阶段迈向融合创新阶段；而对于经济欠发达地区的基础教育、职业教育学校，如果还存在网络接入等基础环境问题的，则应以完善信息化教学基础设施作为近期的工作重点。

四、"第三部分　行动计划"的内容结构

"第三部分　行动计划"包括第十二至第十六章，提出了为实现规划目标、完成发展任务，需在近期启动实施的重大项目——"中国数字教育2020行动计划"，着重解决教育信息化的全局性、基础性和各级各类教育信息化的共性问题，并开展前瞻性试点示范；包括优质数字教育资源建设与共享行动（第十二章）、学校信息化能力建设与提升行动（第十三章）、国家教育管理信息系统建设行动（第十四章）、教育信息化可持续发展能力建设行动（第十五章）、教育信息化基础能力建设行动（第十六章）共5项行动。

需要说明的是，"第二部分　发展任务"是以2020年为时间节点的中长期宏观任务；"第三部分　行动计划"主要提出了2015年前重点实施的一系列建设工作，目标是初步解决教育信息化发展中的重大问题，基本形成与国家教育现代化发展目标相适应的教育信息化体系；2016—2020年是行动计划的巩固、提升阶段，需要根据行动计划建设进展、教育改革发展实际需求和教育信息化自身发展状况，确定各行动的建设重点与阶段目标。行动计划部分的内容框架如图10所示。

其中，"优质数字教育资源建设与共享行动"是推进教育信息化的基础工程和关键环节，将建设国家数字教育资源公共服务平台和各级各类优质教育资源，形成资源审查和评价激励机制，为人人可共享优质资源提供方便快捷服务。"学校信息化能力建设与提升行动"是国家教育信息化的主阵地，将在所有中小学校和职业学校推进信息化达标建设，建设高校数字校园，并选择一定数量的各级各类学校和区域开展教育信息化创新与改革试点，探索信息化对教

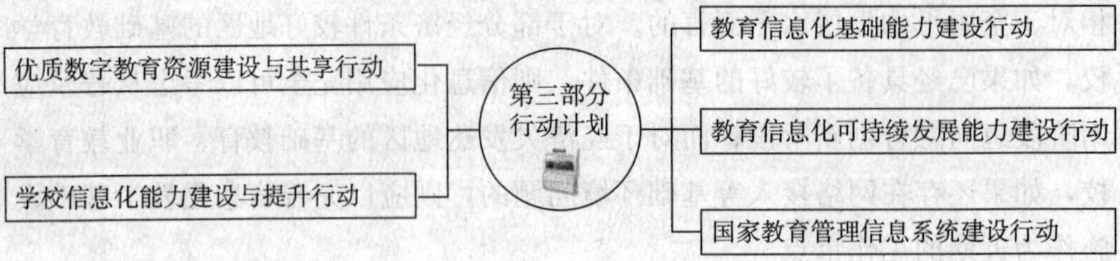

图 10　“行动计划”部分内容结构

育产生革命性影响的新思路、新方法与新机制。“国家教育管理信息系统建设行动”是支撑教育管理现代化的基础工程，将建立国家和地方教育管理基础数据库和信息系统，推动学校管理信息系统建设与应用，并实现系统整合与数据共享。“教育信息化可持续发展能力建设行动”将建设国家和省级培训基地，实施教育技术能力培训，制定、推广和应用教育信息化标准，建设技术支持体系、战略研究体系和人才培养基地，促进教育信息化可持续发展。“教育信息化基础能力建设行动”是实现教育信息化的重要公共基础，将超前部署教育信息网络、建设国家教育卫星宽带传输网络、国家教育云基础平台和开放大学信息化支撑平台，为全国教育机构和相关人员开展教育信息化应用提供基础支撑环境。

五、“第四部分　保障措施”的内容结构

“第四部分　保障措施”包括第十七至第二十章，从组织领导（第十七章）、政策法规（第十八章）、技术服务（第十九章）、经费投入（第二十章）四个方面提出了为确保完成发展任务、顺利实施行动计划而采取的政策保障措施。该部分的内容结构如图 11 所示。

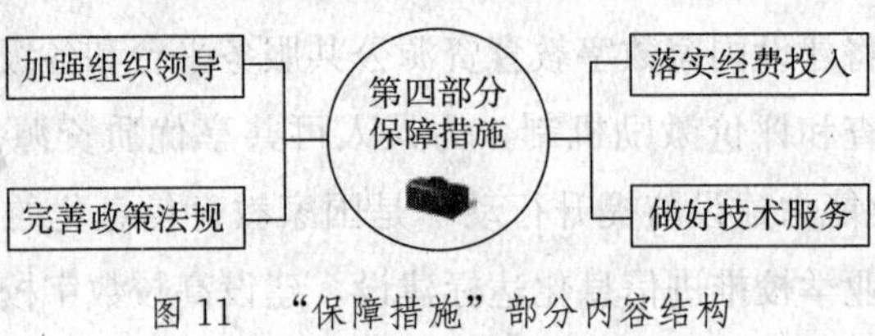

图 11　“保障措施”部分内容结构

六、规划内容对《教育规划纲要》的落实和扩展

《教育规划纲要》明确指出："信息技术对教育发展具有革命性影响，必须予以高度重视"，在第十九章"加快教育信息化进程"中提出了"加快教育信息基础设施建设"、"加强优质教育资源开发与应用"、"构建国家教育管理信息系统"三个方面的目标任务，并将"教育信息化建设"列为十个重大项目之一。《教育信息化规划》不仅对《教育规划纲要》中提出的各项目标和任务进行了分解，提出了推进贯彻落实的时间表和路线图，还从深度和广度上对教育信息化建设内容进行了延伸和扩展。

一、《教育信息化规划》对《教育规划纲要》的贯彻和落实

（一）"（五十九）加快教育信息基础设施"的落实

（五十九）加快教育信息基础设施建设。信息技术对教育发展具有革命性影响，必须予以高度重视。把教育信息化纳入国家信息化发展整体战略，超前部署教育信息网络。到2020年，基本建成覆盖城乡各级各类学校的教育信息化体系，促进教育内容、教学手段和方法现代化。充分利用优质资源和先进技术，创新运行机制和管理模式，整合现有资源，构建先进、高效、实用的数字化教育基础设施。加快终端设施普及，推进数字化校园建设，实现多种方式接入互联网。重点加强农村学校信息基础建设，缩小城乡数字化差距。加快中国教育和科研计算机网、中国教育卫星宽带传输网升级换代。制定教育信息化基本标准，促进信息系统互联互通。

在"第二部分 发展任务"中，《教育信息化规划》将第五十九条任务要求中的"教育信息基础设施"分解为信息化学习环境、教育信息化公共支撑环境两个方面的发展任务进行系统阐述。在基础教育（第四章）、职业教育（第五章）、高等教育（第六章）、继续教育（第七章）中分别讨论了这些教育类型中数字校园、信息化学习环境的发展任务。在第九章集中论述了信息化公共支撑环境的内容，包括基础网络建设、环境体系建设等。在"第三部分 行动计划"中，这两个方面的发展内容分别在"学校信息化能力建设与提升行动"

（第十三章）和“教育信息化基础能力建设行动”（第十六章）中被进一步落实为具体的建设内容。

（二）对“（六十）加强优质教育资源开发与应用”的落实

（六十）加强优质教育资源开发与应用。加强网络教学资源体系建设。引进国际优质数字化教学资源。开发网络学习课程。建立数字图书馆和虚拟实验室。建立开放灵活的教育资源公共服务平台，促进优质教育资源普及共享。创新网络教学模式，开展高质量高水平远程学历教育。继续推进农村中小学远程教育，使农村和边远地区师生能够享受优质教育资源。强化信息技术应用。提高教师应用信息技术水平，更新教学观念，改进教学方法，提高教学效果。鼓励学生利用信息手段主动学习、自主学习，增强运用信息技术分析解决问题能力。加快全民信息技术普及和应用。

在“第二部分　发展任务”中，《教育信息化规划》将第六十条任务要求中的“教育资源开发与应用”分解为优质数字教育资源库、优质资源共建共享两个层面的具体发展任务进行系统阐述。在基础教育（第四章）、职业教育（第五章）、高等教育（第六章）、继续教育（第七章）中分别讨论了这些不同教育类型中数字资源的开发与应用的发展任务。在信息化公共支撑环境（第九章）、信息化体制机制（第十一章）中分别讨论了教育资源共建共享平台建设、教育资源共建共享机制创新的问题。在“第三部分　行动计划”中，这两个层面的发展内容在“优质数字教育资源建设与共享行动”（第十二章）中被落实为具体的建设内容。

（三）对“（六十一）构建国家教育管理信息系统”的落实

（六十一）构建国家教育管理信息系统。制定学校基础信息管理要求，加快学校管理信息化进程，促进学校管理标准化、规范化。推进政府教育管理信息化，积累基础资料，掌握总体状况，加强动态监测，提高管理效率。整合各级各类教育管理资源，搭建国家教育管理公共服务平台，为宏观决策提供科学依据，为公众提供公共教育信息，不断提高教育管理现代化水平。

在“第二部分　发展任务”中的教育管理信息化（第八章）中集中讨论了第六十一条任务要求中的“构建国家教育管理信息系统”的任务。在“第三部分　行动计划”中的“国家教育管理信息系统建设行动”（第十四章）中将其进一步落实为具体的建设内容。

（四）对“第二十章重大项目和改革试点：教育信息化建设”的落实

教育信息化建设。提高中小学每百名学生拥有计算机台数，为农村中小学班级配备多媒体远程教学设备；建设有效共享、覆盖各级各类教育的国家数字化教学资源库和公共服务平台；基本建成较完备的国家级和省级教育基础信息库以及教育质量、学生流动、资源配置和毕业生就业状况等监测分析系统。

在“第三部分　行动计划”中，基础设施方面的信息化建设任务在“学校信息化能力建设与提升行动”（第十三章）和“教育信息化基础能力建设行动”（第十六章）中得到落实，教育资源建设方面的信息化建设任务在“优质数字教育资源建设与共享行动”（第十二章）中得到落实，教育管理信息化方面的建设任务在“国家教育管理信息系统建设行动”（第十四章）中得到落实。

二、《教育信息化规划》对《教育规划纲要》内容的延伸和扩展

（一）新增对教育信息化人员队伍的规划

队伍建设是发展教育信息化的基本保障。教育信息化的各项工作最终都需要人去落实，人员的素质水平、队伍的可靠稳定是教育信息化可持续发展的根本要素。《教育信息化规划》专辟一章（第十章）对信息化人员队伍的发展任务进行阐述，提出“加强队伍建设，增强信息化应用与服务能力”，并在“教育信息化可持续发展能力建设行动”（第十五章）对其进一步落实。

（二）新增对教育信息化体制机制创新的规划

我国教育信息化建设虽然取得了显著成就，但在管理体制、运行机制、建设模式、发展道路等重大方面缺乏深入研究和持续探索，阻碍教育信息化事业全面、协调、可持续发展。《教育信息化规划》将科学、规范的体制机制视为教育信息化可持续发展的根本保障，专辟一章（第十一章）进行阐述，提出了“创新体制机制，实现教育信息化可持续发展”的发展任务，并设立“教育信息化可持续发展能力建设行动”（第十五章）对其进行落实。

（三）提出了“信息化公共支撑环境”的概念

《教育信息化规划》本着统筹规划的原则，将全国教育机构和相关人员开展各级各类教育信息化应用所需的各方面支撑因素统筹考虑，提出了“信息化公共支撑环境”的概念（第九章），包括教育信息网络、国家教育云服务平台、优质数字教育资源与共建共享环境、教育信息化标准体系、教育信息化公共安全保障体系等多方面内容。考虑到云计算技术对我国今后教育资源、软件和服

务的部署将产生重大影响，将教育云服务平台列为信息化公共支撑环境建设内容。为保证各类教育信息平台和技术系统安全可靠、可持续发展，将教育信息化标准体系、公共安全保障体系等一并列入信息化公共支撑环境建设内容。

第四章

要点导读

《教育信息化规划》在编制过程中多次征集各方的意见，其中有若干问题普遍受到各方关注，进行了多次讨论和修改，本章对各方关注较多的焦点问题进行重点说明。

一、关于教育信息网络基础设施

目前，我国教育信息网络的基本状况是：中国教育和科研计算机网与中国教育卫星宽带传输网覆盖全国、互联互通，初步形成了“天地合一”的教育信息传输网络。但是，中国教育和科研计算机网主干网只通达了全国各省会城市和主要计划单列市，主要服务对象是大学，尚没有能力为全国各级各类学校和教育机构提供接入服务。中国教育卫星宽带传输网虽然覆盖全国，但主要是窄带单向广播式传输，不能满足学校的宽带互联网接入要求。一些经济较为发达的省市和部分西部省会城市利用地方财政或中央财政专项支持，搭建起了省级教育网或教育城域网，但还未能覆盖到县一级地区。高校以外的广大中小学、职业学校、培训机构等各级各类教育机构，大多通过当地电信运营商接入互联网。由于我国幅员辽阔，地形复杂，很多地方地面网络难以到达，或者建设和运维成本极高；特别是部分农村地区、边远地区、民族地区和边防哨卡，情况尤为突出；为促进教育公平和义务教育均衡发展，需要建设双向卫星宽带网络，并与地面网络高速互联，解决我国所有地区的网络覆盖问题，使全体学习者共享网络服务。

综上，从我国各类信息网络的现状来看，仅靠中国教育和科研计算机网和中国教育卫星宽带传输网、仅靠电信运营商，或仅靠地面网络，都难以解决全国所有学校和教育机构的宽带接入问题，需要统筹促进教育网、公众网、卫星网各种公共信息网络的升级换代、互联互通和有机融合，才能面向全国所有学校和教育机构提供宽带网络接入服务。

基于上述考虑，《教育信息化规划》提出："加快中国教育和科研计算机网、中国教育卫星宽带传输网升级换代，不断提升技术和服务水平。充分利用现有公共通信传输资源，实现全国所有学校和教育机构宽带接入。"未来的国家教育宽带网络，是充分利用公共通信传输资源，充分整合现有教育网、卫星网、公众网的逻辑网络，而不是新建一张物理专网。各地要因地制宜建立或者完善省级、市级教育接入网。各校要自行建设校园网，并以多种方式接入到国家教育宽带网络。

在调研过程中，有意见反映当地电信运营商对教育信息化的支持力度较小，基层学校的校园网络使用费、带宽租赁费较高；网络资费问题已经成为困扰基层教育单位深入开展教育信息化的难题之一，形成了一定的财政负担。《教育信息化规划》对解决这一问题进行了部署。在"第二部分　发展任务"第九章提出"探索国家公益性网络的可持续发展机制"，并在"第四部分　保障措施"第十八章提出"协调制定和落实各级各类学校、师生和相关教育机构在网络接入等方面的资费优惠政策"。

二、关于教育云服务平台

教育云服务平台是利用先进的云计算技术，将教育信息化所要求的硬件计算资源通过虚拟化手段进行统一部署和管理，提供各种软件平台和存储服务，并将教育信息化所需要的资源和应用系统进行整合，通过互联网向教育机构、教育从业人员和学员提供按需服务的基础框架。在教育领域，通过云服务平台整合教育优质资源，可以实现教育信息资源的多方共建和广泛共享，为学校有效降低运作成本，极大提高校务运行效率，为移动学习、泛在学习提供便利条件。

采用云计算技术建设教育云服务平台是《教育信息化规划》中明确提出的一项新信息技术的应用。在《教育信息化规划》征求意见过程中，有的意见建议考虑云计算技术的发展问题，在设计基础设施时进行扩展性的设计。

云计算技术目前还在发展之中，但是云服务形态已经较为成熟。作为一种革命性的信息技术，云计算改变了计算机软件应用与部署的方式，使得信息应用的推广和普及更为方便，极大地降低了网络应用部署的成本。在国外，已经出现一些国家性的云基础设施的案例。例如，2009 年韩国政府制订了《云计算全面振兴计划》，预计韩国的教育科学技术部在 2013 年前可以因此减少终端采购预算的 20%、电量使用的 90%、维护管理费用的 60%。2011 年英国内阁办公室发布《政府云服务战略》，宣布英国政府将采用“政府云服务”（G-Cloud），建立公众云服务网络，争取到 2015 年节约 3.4 亿英镑。

云计算技术对于我国普及教育信息化应用，尤其是在边远地区推广教育应用、共享优质数字资源，具有十分重要的现实意义。在国外，也已经出现了利用云计算开展教育信息化的案例。2010 年在美国北卡罗来纳州格雷汉姆小学首先开展了云计算项目的尝试，该校 600 名师生通过不同终端连接“通用云计算服务”来获取虚拟电脑桌面，同时为学生提供丰富的学习材料。学生不管是在教室、图书馆还是在家，都可以访问到同一桌面。2010 年 7 月，日本以创建 21 世纪的学校和信息化教育最佳学习环境为目标发布了教育信息化展望大纲，该大纲指出教育信息化对学校教育的要求之一就是使用云计算技术构建高安全性能网络，构建学校与家庭结合的校务支撑平台，实现学生学籍、成绩、出勤、健康以及教师的教学计划、教案、数字教科书管理与学生家长和学生间的安全的信息共享。2011 年 7 月，韩国政府推出一项计划，打算在 2015 年前全面实现学生课本数字化改造，采用“云计算”计算机网络系统辅助教学，帮助学生实现个性化学习。

《教育信息化规划》将教育云基础设施列为未来我国教育公共支撑环境的重要组成部分，在“第二部分　发展任务”第九章采用独立段落描述了“建立国家教育云服务模式”的任务和要求，即“充分整合现有资源，采用云计算技术，形成资源配置与服务的集约化发展途径，构建稳定可靠、低成本的国家教育云服务模式”。在“第三部分　行动计划”第十六章中提出“建设覆盖全国、分布合理、开放开源的基础云环境，支撑形成云基础平台、云资源平台和云教育管理服务平台的层级架构”。

《教育信息化规划》中对“国家教育云服务平台”进行了分层描述，将其区分为基础云环境（教育云基础平台）和在此基础上的两个云计算应用平台（云资源平台、云教育管理服务平台）。基础云部分与网络硬件计算环境密切相关，应用云部分与教育信息化应用业务特征密切相关，这种区分基础云和应用云的分层处理有利于区分业务层次，降低了信息技术更新换代对应用部署的影响。

三、关于教育信息化的建设机制

一、关于教育信息化的管理部门

强有力的信息化组织管理体系是推进各级各类教育信息化工作的重要保障。在规划制订过程中，经过调研发现，我国各级教育行政部门普遍未设置统一的教育信息化归口管理机构，各级各类教育信息化管理和推进工作分散在多个部门，牵头部门五花八门，有的在科研管理部门、有的在电教部门、有的在信息中心，还有的根本没有部门牵头，这些情况严重制约了我国教育信息化工作的统筹规划和落实推进。

《教育信息化规划》对此提出了解决思路和措施。在“第二部分　发展任务”第十一章中，提出：“建立与教育信息化发展需要相适应的统筹有力、权责明确的教育信息化管理体制和高效实用的运行机制。”在“第四部分　保障措施”第十七章中，提出：“推动各级教育行政部门建立健全教育信息化管理职能部门。在各级各类学校设立信息化主管，在高校和具备一定规模的其他各类学校设立信息化管理与服务机构。”

二、关于教育信息化的技术服务机构

稳定的技术服务队伍也是推进各级教育信息化工作的重要保障，尤其是能为各类软硬件系统的运行维护提供及时可靠的技术服务。制订规划时，经过调研发现，各地的教育信息化技术服务机构分散在电教馆、教仪所、教育信息中心等多个机构，缺乏统筹管理，很多基层教育单位没有专门的信息化技术服务

和支撑机构。有的地区进行了教育信息技术机构的整合尝试，例如上海远教集团，但是从全国范围来看，尚未形成有效的技术服务支撑体系。

《教育信息化规划》对此提出了解决思路和措施。在“第四部分 保障措施”的第十七章中，提出：“完善技术支持机构，推进相关机构的分工和整合。”在“第四部分 保障措施”的第十九章中，提出：“推进各级教育机构的信息化运行维护和技术服务机构建设，建立各级教育行政部门和各级各类学校的信息技术专业服务队伍。”

四、关于教育信息化研究支持体系

《教育信息化规划》第十五章“教育信息化可持续发展能力建设行动”明确提出“到2015年，形成完整的教育信息化研究支持体系”，主要包括两大部分内容。

（一）教育信息化技术与装备研究和成果转化基地

由于我国教育教育信息化发展时间相对较短，整体发展水平不高，尚未形成完整、成熟的教育信息化技术与装备研究和成果转化基地，技术研发水平和产业化发展水平均滞后于我国教育信息化的实际发展需求，导致我国具有国际一流水平的教育信息化技术研究基地、成果转化基地和行业领军企业十分匮乏。在研究基地方面，我国教育信息化领域的国家级重点实验室、工程研究中心、工程实验室等高水平科研机构十分稀缺；在产业发展方面，我国既没有像Blackboard那样具有国际影响力的大型教育软件提供商，也没有像Apple那样国际知名的教育资源内容运营商，我国本土企业不仅没有能力“走出去”，而且国内市场也“守不住”，技术、产业、市场发展脱节的情况普遍存在。

综上所述，目前我国教育信息化技术研究机构分散，领域企业数量虽多，但均规模较小，多数影响力仅限于局部地区，具有全国影响力的厂商不多，具有国际影响力的厂商更是凤毛麟角，教育信息化技术研究、成果转化、产业发展等方面都亟待加强。因此，《教育信息化规划》“第三部分 行动计划”第十五章特别强调：“建设若干教育信息化技术与装备研究和成果转化基地。开展新技术教育应用的试验研究，开发拥有自主知识产权的教育信息化关键技术与装备。探索信息技术与教育教学深度融合的规律，深入研究信息化环境下的教学模式。通过信息化试验区与试点校的集成创新，提供系统解决方案，促进信息技术、装备与教育的融合。”

（二）教育信息化战略研究机构

在我国教育信息化发展过程中，由于缺乏完整的基础性研究体系和专门的战略规划研究机构，教育行政部门很难对教育信息化发展的全貌状况进行有效监控并做出及时政策调整，因而难以得到有效的决策支持；在工程项目实施过程中，很难施行准确的项目状态监控和建设效果评估；在推动产业进步过程中，对产业实际发展情况缺乏必要的、及时的了解；在制定宏观发展目标过程中，对国外发展情况很难及时有效掌握……造成上述问题的主要原因，就是因为我国教育信息化领域一直缺乏专门的战略、规划研究机构和第三方咨询、评估、服务机构。因此，由于我国教育信息化发展体系中一直欠缺全面、深入、持续的教育信息化战略研究这一重要环节，在很大程度上制约了我国教育信息化的快速、科学、健康发展。在我国教育信息化建设的起步阶段，由于忙于实施基础设施建设等紧迫任务，这一问题尚不十分显著，但随着我国教育信息化发展水平的逐步提升，信息技术与教育融合的程度逐渐加大，今后十年，我国教育信息化的发展必然逐步实现从“粗放型”向“集约型”转变，对于教育信息化的战略研究需求也必然越来越大。

为解决这一问题，《教育信息化规划》“第三部分　行动计划”第十五章明确提出：“建设教育信息化战略研究机构，跟踪、分析国内外教育信息化发展现状与趋势，评估教育信息化进展，提出发展战略与政策建议，为教育信息化决策提供咨询与参考。”

五、关于教育技术能力建设

一、关于教师信息技术能力培训

经过调研发现，教师信息技术能力培训的重要性获得广泛认同，但是在具体配套措施方面还有很多工作要做。例如，有的教师教育技术能力培训内容较为陈旧，且偏重于通用计算机软件使用能力，与信息化学习环境相关度不高；与实际课程教学相关的多媒体教学、信息化学习环境的培训内容较为缺乏；相关人事考核评聘制度需要完善，等等。

《教育信息化规划》高度重视教师的信息化能力培训问题，明确提出了解决思路和措施。在“第二部分 发展任务”第十章中，提出：“建立和完善各级各类教师教育技术能力标准，继续以中小学和职业院校教师为重点实施培训、考核和认证一体化的教师教育技术能力建设，将教育技术能力评价结果纳入教师资格认证体系。”在“第三部分 行动计划”第十五章中，提出：“到2015年，建立12个国家级培训基地，健全32个省级培训基地，形成以基地为中心，辐射全国范围的教育技术能力培训体系。”

二、关于教育信息化专业人员

经过调研发现，在基层单位，尤其是中小学专职信息化教师的问题较为突出。中小学中的教育信息技术专业人员既包括信息技术学科的教师，也包括对信息化教学环境进行支撑的网管人员、电教人员等。其中，很多技术人员不属于教师编制，薪酬与其他信息产业从业人员相比偏低，从而导致人员队伍不稳定，严重影响基层学校的信息化运行和维护工作。《教育信息化规划》重视专业技术人员的队伍稳定性问题，在发展任务的第十章中，明确提出：“明确教育信息化专业人员岗位职责，制定相应的评聘办法，逐步提高专业技术人员待遇。”

在《教育信息化规划》的征求意见稿中，曾经提出“信息技术专职教师占总教师人数的比例不低于3%”，在后面稿中都去掉了。这主要是因为以下考虑：对于信息化基础较为薄弱的地区，信息技术专职教师或者基层专业技术维护人员尤为重要，很多地区反映3%的比例比较低。但是在信息化基础较好的地区，各级人员的信息化自我服务能力逐步加强，对专业维护人员的数量要求逐步降低，觉得3%偏高。经综合考虑，我们认为，对教育信息化专业人才队伍的建设，重在岗位编制、待遇等制度建设上，以增强岗位吸引力并稳定人员队伍，不宜提出具体的数量指标。

六、关于教育信息化的经费投入

持续稳定的经费投入是推进各级教育信息化工作的必要保障。虽然近年来，政府在教育信息化方面已进行了大量的投入，但是和教育系统的庞大基数和巨大需求相比，我国教育信息化建设投入总体不足，且投入机制不够健全，难以实现可持续性发展；有限的投入分配也不够合理，重硬件轻软件、重建设轻维护、重建设轻培训的现象普遍存在。在经济欠发达地区，尤其是广大农村中小学校，缺乏教育信息基础设施维护与升级、更新的投入机制，有些地方甚至出现了现有远程教育设备运行的电费、网费短缺问题。

与发达国家相比，我国教育信息化的经费投入明显偏低。据统计，经济合作与发展组织的发达国家每年在中小学信息技术教育方面的投入约占各国教育经费的1%—2%，而且，教育信息化是经济合作与发展组织各国教育投资的重点，如2008—2010年英国政府对中小学信息技术教育的经费投入以5.3%的速度逐年增长。

《教育信息化规划》高度重视教育信息化的经费投入问题，在多处对此提出了解决思路和措施。关于政府在教育资源方面的经费投入方式，在“第二部分　发展任务”第九章提出“坚持政府引导，鼓励多方参与投入建设，发挥多方优势，逐步形成政府购买公益服务与市场提供个性化服务相结合的资源共建共享机制”，在“第二部分　发展任务”第十一章提出“政府资助引领性资源的开发和应用推广，购买基础性优质数字教育资源提供公益性服务”，在“第三部分　行动计划”第十三章提出“采用引导性投入，支持资源的开发和应用推广；制定政府购买优质数字教育资源与服务的相关政策，支持使用者按需购买资源与服务”。更重要的是，在“第四部分　保障措施”专门开辟一章即第二十章，详细阐述了“建立经费投入保障机制、鼓励多方投入、加强项目与资金管理”等落实经费投入的系统考虑。

需要说明的是，在《教育信息化规划》的征求意见稿第二稿中，曾经提出“明确教育信息化经费在教育经费中单独列项并逐步实现各级政府教育经费中所占比例不低于8%”，在后面稿中都去掉了。这主要是因为以下考虑：首先，我国各地经济发展与财政状况差异较大，难以提出全国通用的教育信息化投资比例。根据对“十一五”期间我国各地区教育信息化经费投入情况的统计，东部经济较发达地区的教育信息化经费投入约占政府教育经费的3%以上，中西部地区约占政府教育经费的1.5%以上，少数地区尚不足政府教育经费的1%；其次，教育信息化的投资需求是弹性变化的，一般而言，在教育信息化发展初期，经费投入的重点在于基础设施的建设，所需要的经费投入较大；在教育信息化的中后期，硬件类的维护经费会下降，经费投入的重点将转向软件类、服务类的开支。因此，不宜提出一个全国通用的教育信息化投资比例。

第三部分　文字解读

第五章

“序言”解读

序言

【原文】

人类社会进入21世纪，信息技术已渗透到经济发展和社会生活的各个方面，人们的生产方式、生活方式以及学习方式正在发生深刻的变化，全民教育、优质教育、个性化学习和终身学习已成为信息时代教育发展的重要特征。面对日趋激烈的国力竞争，世界各国普遍关注教育信息化在提高国民素质和增强国家创新能力方面的重要作用。《教育规划纲要》明确指出：“信息技术对教育发展具有革命性影响，必须予以高度重视。”

我国教育改革与发展正面临着前所未有的机遇和挑战。以教育信息化带动教育现代化，破解制约我国教育发展的难题，促进教育的创新与变革，是加快从教育大国向教育强国迈进的重大战略抉择。教育信息化充分发挥现代信息技术优势，注重信息技术与教育的全面深度融合，在促进教育公平和实现优质教育资源广泛共享、提高教育质量和建设学习型社会、推动教育理念变革和培养具有国际竞争力的创新人才等方面具有独特的重要作用，是实现我国教育现代化宏伟目标不可或缺的动力与支撑。

我国教育信息化已经取得显著进展，但与人民群众的需求和发达国家水平相比还有明显差距。必须充分认识推进教育信息化的重要性和艰巨性，把教育信息化作为国家信息化的战略重点和优先领域全面部署、加快实施，调动全社会力量积极支持和参与，用十年左右的时间初步建成具有中国特色的教育信息化体系，使我国教育信息化整体上接近国际先进水平，推进教育事业的科学发展。

【文字解读】

《教育信息化规划》的“序言”部分概述了当前所处的时代背景和教育信息化的国内外发展态势，阐述了教育信息化的重要作用，提出了到2020年我国教育信息化发展的整体目标定位，即用十年左右的时间初步建成具有中国特色的教育信息化体系，整体接近国际先进水平。

一、信息技术对教育发展具有革命性影响

进入21世纪以来，信息技术带动了人类社会生产和生活方式的巨大变革的同时，也深刻改变了教育的方方面面，对未来教育发展具有革命性意义。随着远程教育、多媒体教学、电子课堂、电子书包等新的教育形式、教育装备、教育工具不断涌现，现代教育与信息技术的关系越来越密不可分。教育信息化的发展，带来了教育形式和学习方式的重大变革，对传统的教育思想、观念、模式、内容和方法等产生了巨大的冲击，直接推动了教育的现代化。

近年来，大力发展教育信息化已经成为世界各国提高全民素质、增强国家创新能力和国家竞争力的重要战略。2008年7月，英国教育传播与技术管理局提出了“下一代学习运动”，制定了到2014年推进英国基础教育信息化的系统战略。2010年10月，日本文部科学省发布了《教育信息化指南》，对开展信息与通信技术教育、推进学校信息化、建设信息化体制等方面进行了规划。2010年11月，美国教育部颁布了《国家教育技术规划2010》，提出了“变革美国教育——技术给力学习”的目标，明确指出“教育部门可以从企业界学习的经验是，如果想看到教育生产力的显著提高，就需要进行由技术支持的重大结构性变革，而不是进化式的修修补补”，倡导利用信息技术促进学习者、教育者、学习内容、学习工具、学习资源和学习环境的沟通、发展连接式教学，通过信息化重构教学模式，带动美国教育系统整体变革。

二、教育信息化对于我国教育改革和发展的重大意义

我国教育改革和发展正面临着前所未有的机遇和挑战。实现教育现代化，提高国民素质、培养创新人才是适应国际竞争、实现中华民族伟大复兴的必然选择；实施教育信息化，是实现教育现代化的重要途径。胡锦涛同志在《全国教育工作会议上的讲话》中指出“要以教育信息化带动教育现代化”。信息技术作为一种通用技术，能带来整个经济和社会系统的重构和根本性的变革。教育信息化内容渗透各级各类教育的教学、科研、管理、服务等各环节，影响和决定着教育改革与发展的走向。

党和国家一直以来都十分关注我国教育信息化工作的发展。《教育规划纲要》第十九章明确指出："信息技术对教育发展具有革命性影响，必须予以高度重视。"《教育规划纲要》将"加快教育信息化进程"作为独立的一章，从"加快教育信息基础设施建设"、"加强优质教育资源开发与应用"和"构建国家教育管理信息系统"三个方面对教育信息化工作进行了阐述，并将"教育信息化建设"列为2012年亟待实施的十个重大项目之一。

发展教育信息化是破解制约我国教育发展难题，促进教育公平、实现优质教育资源广泛共享、提高教育质量的重要途径。我国是一个正处于工业化、城镇化进程中的发展中大国，在今后一段时期内将长期面临区域发展不平衡、城乡发展不平衡、优质教育资源相对匮乏且分布不均的复杂局面。教育信息化充分利用现代信息技术手段，突破了时空界限，为推动优质资源共享，缩小教育鸿沟，促进教育公平，提升教育质量提供了有效途径。

发展教育信息化是促进教育创新与变革、培养具有国际竞争力的创新人才的重要途径。现代信息技术的高速发展促进了现代教育科学手段的急剧变革，以学习者为中心的教育教学活动不仅推动了教育手段的创新，也推动了教育思想和教育模式的变革。与此同时，信息化技术和手段也推动了学生个性化培养，特别是依托科学研究信息化平台，形成了立体化、长效化和开放式人才培养体系，有利于具有创新特质和国际视野优秀人才的培养。

三、加快推进教育信息化工作的艰巨性

我国的教育信息化任务还十分艰巨。首先，教育信息化现状难以满足人民群众对公平教育、优质教育、终身教育的现实需求。例如，教育信息基础设施发展不均衡，特别是西部地区和广大农村地区基础薄弱，支持自主学习的公共数字化教育资源数量不足、质量不高，教育信息公共服务水平有待提升等。其次，我国教育信息化发展水平与发达国家相比还有较大差距。以美国、英国等为代表的经济发达国家，已经完成了教育信息基础设施的建设和信息化应用的普及，目前正在向教育与技术的深度融合、促进教育系统变革的方向发展。如果我国的教育信息化工作再不迎头赶上，将在未来的国际人才竞争中处于十分不利的地位。再次，教育信息化工作是一项复杂的系统工程，涉及基础设施、信息资源、应用实施、标准规范、法律法规、人才培养、技术攻关等诸多方面，涉及教育战线内外的各方机构和单位，需要顶层设计、统筹协调，调动全社会的力量关心、重视和参与。

教育信息化是国民经济和社会信息化的重要组成部分，是构建现代国民教育体系、形成学习型社会、建立创新型国家的内在要求。必须把教育信息化作为国家信息化的战略重点和优先领域全面部署、加快实施。应充分认识到，加快教育信息化进程是国家信息化基础性、全局性、先导性战略任务。站在新的历史起点上，以崇高的责任感和使命感，担当起推动教育信息化科学发展的重任，广泛调动全社会关心支持教育信息化的积极性，推进教育信息化的全面应用与创新发展，建立健全促进教育信息化持续发展的体制机制。考虑到我国教育信息化发展水平与发达国家相比还有较大差距，今后一段时间内的教育信息化投入也依然相对有限，规划将我国教育信息化的发展目标定位为："用十年时间，使我国教育信息化整体上接近国际先进水平"，这是符合我国现实情况的理性定位。

第六章

“第一部分　总体战略”解读

第一章　现状与挑战

【原文】

20世纪90年代以来，国家实施的一系列重大工程和政策措施，为我国教育信息化发展奠定了坚实基础。面向全国的教育信息基础设施体系初步形成，城市和经济发达地区各级各类学校已不同程度地建有校园网并以多种方式接入互联网，信息终端正逐步进入农村学校；数字教育资源不断丰富，信息化教学的应用不断拓展和深入；教育管理信息化初见成效；网络远程教育稳步发展，为构建终身学习体系发挥了重要作用。教育信息化对于促进教育公平、提高教育质量、创新教育模式的支撑和带动作用初步显现。

必须清醒地认识到，加快推进教育信息化还面临诸多的困难和挑战。对教育信息化重要作用的认识还有待深化和提高；加快推进教育信息化发展的政策环境和体制机制尚未形成；基础设施有待普及和提高；数字教育资源共建共享的有效机制尚未形成，优质教育资源尤其匮乏；教育管理信息化体系有待整合和集成；教育信息化对于教育变革的促进作用有待进一步发挥。推进教育信息化仍然是一项紧迫而艰巨的任务。

【文字解读】

《教育信息化规划》的第一章概述了我国教育信息化工作已取得的巨大成就，剖析了教育信息化工作面临的困难和挑战，指出存在的矛盾和问题。

一、我国教育信息化的发展现状

党中央、国务院十分重视教育信息化工作。自1994年中国教育和科研计算机网启动建设以来，经过“面向21世纪教育振兴行动计划”、“农村中小学远程教育工程”、“西部大学校园计算机网络建设工程”、“校校通”等一系列重大工程建设，以及各级教育行政管理部门及学校组织开展的多项信息化建设项目，教育信息化得到了快速发展，对教育的改革和发展起到了重要推动作用。

1. 在教育信息基础设施方面，面向全国的教育信息基础设施体系初步形成，城市和经济发达地区各级各类学校已不同程度地建有校园网并以多种方式接入互联网，信息终端正逐步进入农村学校。建成了以中国教育和科研计算机网与中国教育卫星宽带传输网为支撑的全国教育网络基础设施，部分省市依托网络运营商提供的基础服务建成了省市级的教育信息网络。建成了我国第一个IPv6下一代互联网（CNGI-CERNET2）主干网，已接入200多所高校，其中100所学校校园网已全面支持IPv6协议。中国教育科研网络得到初步应用。高校校园网已经普及，其他类别学校也不同程度地建有校园网并以多种方式接入互联网。

2. 在数字教育资源和数字教学环境方面，数字教育资源不断丰富，信息化教学的应用不断拓展和深入。国家基础教育资源库、高等教育精品课程、高校网络教育课程、国家职业教育资源等资源库初具规模，形成了一批职业教育资源建设基地，初步建成了大学数字博物馆、高等教育文献保障体系、重点学科信息服务体系等资源系统，在教学、科研和科普服务方面发挥了作用。信息技术普及教育和专业教育持续推进，通过20世纪后期开始的中小学教师计算机全员培训、2000年起在中小学逐步普及信息技术课程，以及2005年开始实施“全国中小学教师教育技术能力建设”项目，使师生的信息技术素养得到明显提高。高校的信息化教育环境不断改善，学生利用信息化手段获取信息、学习知识、进行交流的能力明显提高。“农村中小学现代远程教育工程”为中西部36万所农村中小学配备了教学光盘播放设备，建设了卫星教学收视系统或计算机教室，初步构建了一个惠及全国农村中小学的远程教育网络，一亿多农村中小学生得以共享优质教育资源。

3. 在教育管理信息化方面，教育行政部门的电子政务和各级各类学校的电子校务建设初见成效。以教育部办公厅为枢纽，初步实现了与省、自治区、直辖市教育行政部门和部属高校的政务信息联网交换。基于网络的政务信息发布、高考阳光招生、研究生招生信息管理、高校毕业生就业服务、学历学位认证等应用得以推广。电子校务得到稳步发展，初步实现了学籍管理、教学管理、科研管理、人事管理、财务管理的信息化，提升了学校的管理水平与办学效益。教育管理信息化水平明显提高，推进了教育决策科学化和民主化进程。

4. 在构建终身学习体系和学习型社会方面，网络远程教育稳步发展。远程继续教育基本完成了从函授、广播电视到互联网的跨越，成为职业教育、高等教育和终身学习体系的重要组成部分。68 所现代远程教育试点高校面向在职从业人员开展网络教育。广播电视大学建成了遍及全国城乡的远程教育教学系统，中国教育电视台站点遍布全国各省市，覆盖西部农村、偏远地区。公共教育资源逐渐向企业和社区辐射，远程教育培训开始应用于农民工培训、干部培训和企业在职培训等。

综上所述，改革开放以来，在党和政府的领导下，我国教育信息化建设取得了巨大成绩，教育信息化得到了快速发展。随着教育信息基础设施不断完善，数字教育资源不断丰富，信息化教学应用不断拓展和深入。教育信息化对于促进教育公平、提高教育质量的作用初步显现。学生信息素养逐步提高，协作学习、网络教研等应用不断涌现，网络远程教育稳步发展，教育信息化对于创新教育模式、支撑学习型社会的带动作用也日益明显。

二、我国教育信息化工作面临的困难和挑战

虽然经过十多年的努力，教育信息化建设成绩显著，为教育事业的发展提供了重要的支持。但是，必须看到，现有的教育信息化发展水平与人民群众的多样化教育需求相比还有明显差距，与国内其他信息化发展较好的行业相比还存在着不足，与国际教育信息化先进国家相比还有较大距离。

1. 信息化观念薄弱，对教育信息化重要作用的认识还有待深化和提高。总体来说，信息化在教育改革与发展中的战略地位和重大作用尚未得到广泛的认同和支持，教育信息化的发展规律也未得到全面、深刻的认识。不少机构对于教育信息化的理解还停留在以硬件建设为主的层面，没有转变到以信息化解决教育中的实际问题、促进学生身心发展为核心的思路上来。教育信息化与教育体制改革的结合不够，在提高教育质量和促进教育公平等方面的作用还没有得到充分发挥。

2. 管理体制没有理顺，运行机制不健全，加快推进教育信息化发展的政策环境和体制机制尚未形成。教育信息化相关政策机制、法律法规等体系尚不健全，各级教育部门和学校的教育信息化管理和推进工作机构体系尚待建立，条块分割，统筹协调和综合管理不足的现象较为普遍。教育信息化统计、监管和评估机制不完善。教育信息化总体投入不足，结构不均衡，运行、维护和可持续发展缺乏资金和保障体系的支撑。

3. 教育信息基础设施发展不均衡，信息化应用水平不高。各级教育网络设备设施配置参差不齐，区域之间、城乡之间的差距较大，在义务教育学校的宽带接入指标上差异明显。教师队伍的知识结构、技能能力还不能完全适应数字化教学发展要求，利用信息技术创新教学内容和教学方法的能力不足。特别是农村中小学及西部地区，学校互联网接入水平和校园网建设水平以及信息化应用能力都较低。

4. 优质数字教育资源匮乏，教育资源共建共享的有效机制尚未形成。基础教育课程资源需要遵照国家课程标准进行更新和持续完善，不同类型的特色职业教育资源长期缺乏。与学科教学深度融合的优质课程资源较为匮乏。数字教育资源的标准化程度低，资源有效利用共享水平较低。优质教育资源的良性建设模式尚未建立，资源开发体制单一，市场力量参与不足。数字教育资源的采购、管理和利用的工作不到位，存在重复建设和采购的现象，现有数字资源的共享应用程度低，师生没有充分享受到优质资源成果。

5. 教育管理信息化发展整体水平不高，各项管理信息系统以及数据库有待整合和集成。电子政务、电子校务仍处于应用的初级阶段，现有的单一业务管理信息系统整合程度低，尚未形成有效的业务系统与数据资源的整合、交换、共享体系。教育管理信息化的数据集中程度低，“信息孤岛”现象突出。对教育宏观管理和科学决策的支持不够，尚未建立快速有效的教育信息化基础数据采集与监测系统，缺乏相应的基础信息库和决策支持系统。各级各类学校和机构的信息系统的运行维护、安全防护等保障措施尚不健全。

第二章 指导思想和工作方针

【原文】

高举中国特色社会主义伟大旗帜，以邓小平理论和“三个代表”重要思想为指导，深入贯彻落实科学发展观，全面落实《教育规划纲要》对教育信息化建设的总体部署和发展任务。坚持育人为本，以教育理念创新为先导，以优质教育资源和信息化学习环境建设为基础，以学习方式和教育模式创新为核心，以体制机制和队伍建设为保障，在构建学习型社会和建设人力资源强国进程中充分发挥教育信息化支撑发展与引领创新的重要作用。

推进教育信息化应该坚持以下工作方针：

面向未来，育人为本。面向建设人力资源强国的目标要求，面向未来国力竞争和创新人才成长的需要，努力为每一名学生和学习者提供个性化学习、终身学习的信息化环境和服务。

应用驱动，共建共享。以人才培养、教育改革和发展需求为导向，开发应用优质数字教育资源，构建信息化学习和教学环境，建立政府引导、多方参与、共建共享的开放合作机制。

统筹规划，分类推进。根据各级各类教育的特点和不同地区经济社会发展水平，统筹做好教育信息化的整体规划和顶层设计，明确发展重点，坚持分类指导，鼓励形成特色。

深度融合，引领创新。探索现代信息技术与教育的全面深度融合，以信息化引领教育理念和教育模式的创新，充分发挥教育信息化在教育改革和发展中的支撑与引领作用。

【文字解读】

指导思想是《教育信息化规划》的总纲，工作方针是教育信息化工作推进的行动指南。《教育信息化规划》的第二章系统地阐述了未来十年我国教育信息化的指导思想，凝练了教育信息化工作的工作方针。

一、教育信息化的指导思想

在宏观指导层面，教育信息化工作应以邓小平理论和“三个代表”重要思想为指导，深入贯彻落实科学发展观。作为《教育规划纲要》在教育信息化领域的专项规划，《教育信息化规划》遵循《教育规划纲要》提出的教育信息化总体部署，落实《教育规划纲要》提出的各项具体任务。

在操作执行层面，教育信息化工作应坚持如下指导思想：

一是坚持育人为本。在教育体系中，教育信息化处于服务性、支撑性地位，教育信息化的发展应始终服务于教育"育人"这一根本目标，避免为信息化而信息化，避免片面追求技术先进而脱离人才培养的实际需求。

二是以教育理念创新为先导。教育信息化的发展，带来了教育形式和学习方式的重大变革，对传统的教育思想、观念、模式、内容和方法产生了巨大冲击。在实施教育信息化的过程中，应将教育理念的变革放在首位，在促进信息技术与教育全面深度融合的过程中，主动探索适应未来知识型社会的教学与学习模式。

三是以优质教育资源和信息化学习环境建设为基础。教育信息化各项工作的开展离不开教育信息基础环境的建设，应加大优质数字教育资源的建设，改善各级各类学校的信息化学习环境，促进数字教育资源的共建共享。实现开放、灵活，人人、时时、处处可用的终身学习网络和服务平台，为学习型社会的构建构造物质条件基础。

四是以学习方式和教育模式创新为核心。在各种信息化的应用中，促进技术与教育的融合。坚持以学生为主体，以教师为主导，充分发挥学生的主动性，尊重教育规律和学生的身心发展规律，强调将信息技术深度融入教育教学过程，推动学习方式、教学模式的全面创新，为多样化、个性化、创新型人才的成长提供良好环境和技术支撑。

五是以体制机制和队伍建设为保障。经过十多年的发展，我国教育信息化建设虽然取得了显著成就，但在管理体制、运行机制、建设模式等方面缺乏有力的保障，导致权责不清、各行其是、重复建设等现象时有发生。另一方面，人员队伍建设也是教育信息化持续发展的重要保障，我国在教育信息化专职人员队伍建设和后备人才培养方面尚未形成成熟体系。因此，要保障教育信息化的全面、协调、可持续发展，应加强教育信息化发展的体制机制和人员队伍建设。

二、教育信息化的工作方针

遵循上述的指导思想，针对当前我国教育信息化存在的主要矛盾和突出问题，《教育信息化规划》提出了“面向未来，育人为本；应用驱动，共建共享；统筹规划，分类推进；深度融合，引领创新”的32字工作方针。其中，“面向未来，育人为本”是所有教育信息化工作的基本原则，“应用驱动，共建共享”是实施教育信息化工作的行动核心内容导向，“统筹规划，分类推进”是开展教育信息化建设的实施思路，“深度融合，引领创新”是通过教育信息化促进教育改革和发展的最终目标。

（一）面向未来，育人为本

“面向未来”就是要在教育信息化发展过程中充分考虑前瞻性，面向未来国力竞争和创新人才培养的需求，以及建设人力资源强国的目标要求，具体包括两方面内容：一方面要前瞻分析教育发展方向及其对教育信息化的各项任务和需求；另一方面要前瞻考虑信息技术的未来发展趋势及其对教育的渗透和影响。

“育人为本”就是要在教育信息化工作过程中，把促进学生和学习者健康成长作为教育信息化工作的出发点和落脚点。全面加快信息技术普及和应用，鼓励和培养学习者利用信息技术主动学习、自主学习的习惯，提高全民信息技术应用能力，培养造就数以亿计的高素质劳动者、数以千万计的专门人才和一大批拔尖创新人才。

（二）应用驱动，共建共享

“应用驱动”就是要坚持以应用引领教育信息化发展的原则，摒弃以架网络、买硬件、配买软件为主的建设模式，强调一切以应用为中心，从实际需求出发开展建设，不片面追求技术的先进性，而是强调实际应用的深度和广度。鼓励将信息技术深入应用到教育教学和管理服务的各个环节，坚定不移地坚持应用为先，以应用引导教育信息化的全面发展。

“共建共享”就是要创新体制机制，充分整合各方力量积极参与教育信息化建设。在以往的建设过程中，由于对“共享”关注较多，对“共建”关注较少，导致由政府承担了较多的建设任务，而社会各方力量，尤其是企业力量参与不足，各方积极性未得到充分调动，有限的资源也未得到高效利用。因此，应注重建立政府引导、多方参与、共建共享的开放合作机制，推动教育信息化的持续发展。

（三）统筹规划，分类推进

“统筹规划”就是要在教育信息化工作中整体谋划和布局。教育信息化工作是一项系统工程，必须科学谋划，注重整体设计，加强顶层设计。《教育规划纲要》是未来十年教育改革发展的顶层设计，《教育信息化规划》是未来十年教育信息化体系建设的顶层设计。各级教育机构在编制出台教育信息化的分地区、分领域规划和开展各项信息化建设时，要按照这两个规划的要求，把十年教育信息化工作的任务按时间节点规划好，形成清晰的工作指南。既要重视通过信息技术解决各级各类教育中的实际问题，又要重视对信息基础设施和系统的前瞻部署和运营保障。要把解决当前问题与形成长效机制紧密结合。完善相关领域特别是人、财、物等方面的配套措施，为教育信息化各项工作提供具体可行的政策支撑和制度保障。

“分类推进”就是要在教育信息化工作中因地制宜，探索各地区各学校信息化发展路径。区域发展不平衡是教育工作面临的最大实际问题，应把《教育规划纲要》的要求与当地实际紧密结合，创造性地开展工作，不强求一个模式，避免一刀切的考评方式。另一方面，各类教育的信息化发展水平和实际需求也不相同，应注重突出特色，采用分类指导、分步推进的办法实施信息化建设，才能将教育信息化工作落到实处。

（四）深度融合，引领创新

“深度融合”是我国教育信息化工作的重要目标，体现了教育与技术双向融合的核心发展理念，既强调将信息技术深度应用于教育教学的全过程，也强调在教育教学的实践过程中融合信息技术发展的最新成果。双向融合的过程，一方面将有利于推动教育模式、方法、内容、工具的创新发展，另一方面也将有利于推动技术为满足教育创新发展需求而进行的持续更新与进步。

“引领创新”是实现以教育信息化带动教育现代化战略的重要体现。通过教育信息化，促进教育理念与模式的创新，改革人才培养模式，促进办学模式、教学手段、教育管理等各环节的全面创新。充分发挥教育信息化对教育改革和发展的支撑和引领作用，通过教育信息化带动教育现代化，促进我国教育在质量和规模上的跨越式发展。

第三章　发展目标

【原文】

到2020年，全面完成《教育规划纲要》所提出的教育信息化目标任务，形成与国家教育现代化发展目标相适应的教育信息化体系，基本建成人人可享有优质教育资源的信息化学习环境，基本形成学习型社会的信息化支撑服务体系，基本实现所有地区和各级各类学校宽带网络的全面覆盖，教育管理信息化水平显著提高，信息技术与教育融合发展的水平显著提升。教育信息化整体上接近国际先进水平，对教育改革和发展的支撑与引领作用充分显现。

基本建成人人可享有优质教育资源的信息化学习环境。各级各类教育的数字资源日趋丰富并得到广泛共享，优质教育资源公共服务平台逐步建立，政府引导、多方参与、共建共享的资源建设机制不断完善，数字鸿沟显著缩小，人人可享有优质教育资源的信息化环境基本形成。

基本形成学习型社会的信息化支撑服务体系。充分发挥政府、学校和社会力量的作用，面向全社会不同群体的学习需求建设便捷灵活和个性化的学习环境，终身学习和学习型社会的信息化支撑服务体系基本形成。

基本实现宽带网络的全面覆盖。充分依托公共通信资源，地面网络与卫星网络有机结合，超前部署覆盖城乡各级各类学校和教育机构的教育信息网络，实现校校通宽带，人人可接入。

教育管理信息化水平显著提高。进一步整合和集成教育管理信息系统，建设覆盖全国所有地区和各级各类学校的教育管理信息体系，教育决策与社会服务水平显著提高，学校管理信息化应用广泛普及。

信息技术与教育融合发展的水平显著提升。充分发挥现代信息技术独特优势，信息化环境下学生自主学习能力明显增强，教学方式与教育模式创新不断深入，信息化对教育变革的促进作用充分显现。

【文字解读】

《教育信息化规划》的第三章确定了未来十年我国教育信息化的发展目标，为我国教育信息化工作指明了方向。该发展目标包括整体目标和具体目标两个层面。整体目标层面，到 2020 年全面完成《教育规划纲要》所提出的目标任务，教育信息化整体上接近国际先进水平；具体目标层面，教育信息化的发展目标可以概括为“三个基本、两个显著”。

一、2020 年整体上接近国际先进水平的战略目标

《教育规划纲要》确立了到 2020 年我国教育发展的战略目标是“两个基本、一个进入”，即“基本实现教育现代化，基本形成学习型社会，进入人力资源强国”。教育信息化领域的目标是“基本建成覆盖城乡各级各类学校的数字化教育服务体系，促进教育内容、教学手段和方法现代化”。《教育信息化规划》落实了《教育规划纲要》所提出的这些目标任务，并进一步提出“形成与国家教育现代化发展目标相适应的教育信息化体系”。为了实现 2020 年我国建设人力资源强国的整体战略目标，我国的教育信息化建设必须跟上国际先进发展水平，因此整体战略目标是“教育信息化整体上接近国际先进水平，对教育改革和发展的支撑与引领作用充分显现”。

该整体战略目标的内涵较为丰富，包括多个方面的要求。第一，我国的教育信息化工作必须立足于我国教育的实际，形成与中国教育现代化水平相适应的、具有中国特色的教育信息化体系，能够解决我国教育的现实问题，能够支撑教育的改革和发展。第二，在充分借鉴现有成熟技术成果、国际教育信息化发展经验的同时，大力开展自主创新，推动教育模式和理念的创新探索。既要开展前瞻设计、超前部署，又要发挥后发优势、少走弯路。第三，在教育信息化应用的深度与广度方面，整体上进入“融合创新”阶段，强调深入到学科领域和做到常态化应用，在范围上能够覆盖各教育领域。在全国完成教育信息基础设施的建设和普及，建成面向各级各类教育的先进、适用的信息化学习环境，建成总量丰富的优质数字教育资源库及其共建共享环境。实现信息技术与教育的深度融合，促进我国教育理念更新和系统变革，有力支撑我国教育现代化事业的发展。

二、“三个基本、两个显著”的具体发展目标

《教育信息化规划》所提出的“三个基本”，即基本建成与我国教育发展需求相适应的信息化学习环境、信息化支撑服务体系、信息化公共基础设施；“两个显著”，即显著提高教育管理信息化水平、信息技术与教育融合发展的水平。具体说明如下。

（一）基本建成人人可享有优质教育资源的信息化学习环境

教育信息化的首要目标是让国民公平享有教育信息化的发展成果，即便利的信息化学习环境和优质的数字教育资源。该发展目标是胡锦涛同志提出的"必须坚持以人为本"、"必须促进教育公平"的教育工作原则在信息化领域的具体体现。首先，应加大优质数字教育资源的建设和共享力度，丰富各级各类数字教育资源，建立政府引导、多方参与的资源共建共享机制；然后，要加强数字化校园、开放学习中心等信息化学习环境的建设，满足学校教育和终身教育的各种个性化需求，为每位公民的个性化发展提供支持和服务。最后，要加强教育信息化公共基础设施建设，缩小不同区域、不同人群之间的数字教育鸿沟，将优质数字教育资源以灵活便利的方式推送给每个学习者。

（二）基本形成学习型社会的信息化支撑服务体系

该发展目标是对《教育规划纲要》提出的"基本实现学习型社会"战略目标的贯彻和落实。建设学习型社会是实现全体国民有所教的必然要求。目前我国还处于学习型社会建设的初级阶段，终身教育仍然是我国教育体系中的薄弱环节。通过信息技术的深入普及和运用，构建面向终身学习的教育公共服务平台，建设以卫星、电视和互联网等为载体的远程开放继续教育及公共服务平台，建立覆盖城乡的学习支持服务网络。面向全社会不同群体的学习需求，实现职前教育和职后教育、学历教育和非学历教育等各类教育资源的共享，支持弹性的学分制度。基本建成学习型社会的信息化支撑服务体系，为实现"时时能学、处处可学、人人皆学"的目标提供技术保障和支撑。

（三）基本实现宽带网络的全面覆盖

该发展目标是对《教育规划纲要》提出的"加快教育信息基础设施建设"重要内容的具体贯彻和落实，包括两个层面的任务要求。首先，建成面向全国的教育宽带网。加快中国教育和科研计算机网、中国教育宽带传输网等现有教育骨干网络的扩容和升级换代。以《2006—2020年国家信息化发展战略》为指导，结合国家"三网融合"战略的实施，依托广播电视网、电信网、互联网等多种公共通信资源，促进互联互通，构成覆盖全国的教育宽带网。其次，加强对偏远地区、农村中小学、农村职业学校等信息化基础薄弱的地区和学校的信息化投入。探索不同地区和学校的多种接入和服务模式，缩小城乡学校之间的数字鸿沟，进而实现全国所有学校宽带接入互联网。

（四）教育管理信息化水平显著提高

该发展目标是对《教育规划纲要》提出的“构建国家教育管理信息系统”重要内容的具体贯彻和落实。教育管理信息化的工作涉及电子政务和电子校务等方面。建设国家教育管理信息系统，为各级教育部门提供信息技术手段保障和决策数据支持，对于优化教育部门工作流程、推进教育部门和学校规范管理、强化面向学生、教师、家长和社会公众的服务能力具有极其重大的意义。教育管理信息化的建设，应以提升教育监管能力与服务水平为目标，以基础信息数据建设与共享为核心，构建统一的基础保障环境，整合教育电子政务应用与服务，健全教育信息化管理与运行机制，推动各级各类教育的管理现代化、科学化与规范化，提高教育管理效率与服务水平，为教育改革和发展提供有力支撑。

（五）信息技术与教育融合发展的水平显著提升

该发展目标是对《教育规划纲要》提出的“加强优质教育资源开发与应用”的重要内容的贯彻落实和进一步深化。经过近十年来的教育信息化建设，目前全国较发达地区各级各类学校初步建立教育信息化应用环境，信息技术在各级各类学校教学、科研与管理中得到了越来越广泛的应用。但是，我国教育信息化在信息技术与教育融合水平还处于起步阶段，信息技术尚未深入教育的关键业务环节，传统的教育方式和理念并未发生根本改变，教育信息化对教学方式、教育模式变革的带动作用还未充分体现。因此，未来十年的教育信息化发展，要改变以前的以硬件和网络建设为中心的思路，转变为以提升学生能力、提升教育服务水平为核心的发展思路，促使我国教育在思想、观念、模式、内容和方法等各个方面的变革。鼓励和培养学生利用信息技术开展自主学习、主动学习的能力，增强其通过信息技术分析问题、解决问题的能力。创新教学方式和教育模式，重视技术工具与课程知识点、专业学科内容的深度融合，探索建立以学习者为中心的教学新模式，以信息化带动教育的现代化，促进我国教育的变革。

第七章
“第二部分　发展任务”解读

【原文】

为实现教育信息化发展目标，统筹规划、整体部署教育信息化发展任务。通过优质数字教育资源共建共享、信息技术与教育全面深度融合、促进教育教学和管理创新，助力破解教育改革和发展的难点问题，促进教育公平、提高教育质量、建设学习型社会；通过建设信息化公共支撑环境、增强队伍能力、创新体制机制，解决教育信息化发展的重点问题，实现教育信息化可持续发展。

【文字解读】

教育信息化是促进教育公平、实施素质教育、提高教育质量、提升教育管理与服务水平的关键支撑，是引领教育现代化发展和学习型社会构建，建设人力资源强国的必由之路。《教育信息化规划》的第二部分对未来十年我国教育信息化各方面的发展任务进行统筹规划和整体部署，内容包括第四章到第十一章，采用教育和信息化的双重视角来描述。

从教育的视角出发，教育信息化必须为教育服务，助力解决教育中的实际问题。在各级各类教育中，教育信息化的共性内容包括实现优质数字教育资源的共建共享、实现信息技术与教育全面深度融合、促进教育教学和管理创新。教育信息化也必须助力解决各级各类教育所面临的不同的难题，《教育信息化规划》在第四至第八章中分别对基础教育、职业教育、高等教育、继续教育、教育管理中可以用信息化手段助力解决的难点问题进行了深入的分析，提出了相应的发展目标和任务。

从信息化的视角出发，教育信息化必须具备科学的可持续发展的能力。只有从信息化公共支撑环境、人员队伍和体制机制的建设等方面提供全面保障，才能支撑教育信息化的可持续发展。因此，《教育信息化规划》在第九至第十一章中分别对这几项内容进行了重点阐述和分析，提出相应的发展目标和任务要求。

第四章　缩小基础教育数字鸿沟，促进优质教育资源共享

【原文】

基础教育信息化是提高国民信息素养的基石，是教育信息化的重中之重。以促进义务教育均衡发展为重点，以建设、应用和共享优质数字教育资源为手段，促进每一所学校享有优质数字教育资源，提高教育教学质量；帮助所有适龄儿童和青少年平等、有效、健康地使用信息技术，培养自主学习、终身学习能力。

缩小数字化差距。结合义务教育学校标准化建设，针对基础教育实际需求，提高所有学校在信息基础设施、教学资源、软件工具等方面的基本配置水平，全面提升应用能力。促进所有学校师生享用优质数字教育资源，开足、开好国家课标规定课程，推进民族地区双语教育。重点支持农村地区、边远贫困地区、民族地区的学校信息化和公共服务体系建设。努力缩小地区之间、城乡之间和学校之间的数字化差距。

推进信息技术与教学融合。建设智能化教学环境，提供优质数字教育资源和软件工具，利用信息技术开展启发式、探究式、讨论式、参与式教学，鼓励发展性评价，探索建立以学习者为中心的教学新模式，倡导网络校际协作学习，提高信息化教学水平。逐步普及专家引领的网络教研，提高教师网络学习的针对性和有效性，促进教师专业化发展。

培养学生信息化环境下的学习能力。适应信息化和国际化的要求，继续普及和完善信息技术教育，开展多种方式的信息技术应用活动，创设绿色、安全、文明的应用环境。鼓励学生利用信息手段主动学习、自主学习、合作学习；培养学生利用信息技术学习的良好习惯，发展兴趣特长，提高学习质量；增强学生在网络环境下提出问题、分析问题和解决问题的能力。

专栏一：2020年基础教育信息化发展水平框架
1. 提升学校信息化建设基本配置与应用水平。根据各学校不同情况从以下主要维度确定发展基线和年度规划： □ 各种信息化设施和资源的可获得性； □ 学校教育信息化领导力、教师教育技术运用力、专业人员支持力； □ 师生、家长对信息化应用的满意度。 2. 学校教育教学方式变革取得突破。根据各学校不同情况从以下主要维度确定发展基线和年度规划： □ 教师信息化教学的习惯； □ 知识呈现方式、教学评价方式、组织差异化教学等方面的变化； □ 学生多样化、个性化学习方面的改变。 3. 信息化环境下的学生自主学习能力全面提升，主要维度包括： □ 使用信息技术学习的意愿； □ 运用信息技术发现、分析和解决问题的能力； □ 健康使用信息技术的自律性。

【文字解读】

“缩小基础教育数字鸿沟，促进优质教育资源共享”是未来十年基础教育信息化的主要任务，这与我国基础教育发展现状、任务与趋势紧密相关。

我国的基础教育包括学前教育、义务教育、高中教育等阶段的教育，是我国国民教育体系中的重中之重，是提高民族素质的奠基工程。其中，学前教育是我国学校教育制度的第一阶段，是重要的社会公益事业，关系到千百万儿童的健康成长；义务教育包括小学教育和初级中等教育，是国家依法统一实施、所有适龄儿童少年必须接受的教育，是国民素质的基础；高中阶段教育是在九年义务教育基础上进一步提高国民素质、面向大众的高级中等教育，同时也是满足升学与就业双重需要的预备教育。在基础教育各阶段中，义务教育是整个国民教育的核心内容，《教育规划纲要》提出了均衡发展义务教育的战略任务；学前教育和高中阶段教育是重要环节，《教育规划纲要》提出了基本普及的战略目标。

《教育信息化规划》高度重视基础教育的信息化工作，提出“基础教育信息化是提高国民信息素养的基石，是教育信息化的重中之重”。促进义务教育的均衡发展是基础教育信息化的重点，义务教育是教育公平的基础。义务教育的本质，是要为每个人的生存和发展提供一条公平的起跑线。在基本解决了有学上的问题之后，我国下一步基础教育的工作重点是要逐步解决义务教育资源配置不均衡的问题，满足人民群众上好学的要求。由于各地经济社会发展水平的差异，义务教育发展的差异短期内不可能完全消除，必须将通过信息技术手段缩小义务教育差距作为重要的任务。

缩小基础教育数字鸿沟、促进优质教育资源共享是基础教育信息化的目标。以建设、应用和共享优质数字教育资源为手段，促进每一所学校享有优质数字教育资源。在全国范围内，信息化建设的投入向农村地区、革命老区、民族地区、边疆地区、贫困地区等区域倾斜；在同一区域内，信息化建设的投入向薄弱学校倾斜。通过优质数字资源的共建共享，逐步实现信息化学习环境和教学资源的均衡配置，提高教育教学质量，帮助所有适龄儿童和青少年平等获取优质教育资源，从小培养国民利用信息技术自主学习、终身学习的能力。

一、缩小数字化差距

我国的基础教育信息化走过了快速发展的20年。尤其是进入21世纪以来，得益于国家启动的多项重大计划与工程，包括“2003—2007年教育振兴计划”、“校校通”、“农村中小学现代远程教育工程”、“全国中小学教师教育技术能力建设计划”等，我国基础教育信息化在硬件设施、资源建设、人才培养上都取得了长足的进步。据抽样统计①，我国基础教育学校中，90%的学校拥有至少一台计算机；学校联网率达55%，已联网学校的出口带宽均值为56 Mbps；56%的学校建有计算机教室，48%的学校有多媒体教室；平均生机比为19∶1，平均师机比为3∶1。但是，基础教育学校的信息化基础设施发展

① 本节所引用的抽样统计数据，如无其他说明均来自于2008年教育部教育改革和发展战略与政策研究重大课题“教育信息化建设与应用研究”的调研结果。《基础教育信息化建设与应用现状调研问卷》，问卷统计范围涉及北京市、吉林省、甘肃省、河北省、山东省、湖南省、浙江省、海南省、云南省共9个省（直辖市）的41个区县的普通小学、普通中学和普通高中，调研统计截至2008年11月。

水平仍然存在较大的差距。城市地区学校联网率为88%，农村地区学校联网率为48%；城市地区学校平均生机比为15∶1，平均师机比为2∶1；农村地区学校平均生机比为22∶1，平均师机比为4∶1。基础设施条件的不平衡将加大数字鸿沟，造成区域之间、城乡之间基础教育学校数字化差距进一步扩大，必须及时开展信息化达标建设工作，全面提高所有学校的信息基础设施配置水平和信息化应用水平。

缩小基础教育的数字鸿沟，任务一是缩小基础教育学校在校园信息化、数字教育资源等方面的差距。应实施义务教育学校信息化达标建设，并推进学前教育幼儿园、高中阶段教育学校在信息基础设施方面的建设，普及校园网络接入、多媒体教室、基础学科教学工具等信息化设施，提高基础教育所有学校的信息化水平。任务二是，在资源建设和共享方面，应开足开好国家课程标准规定课程的数字资源建设，开发高质量的民族语言学习课程资源，并针对幼儿教育、特殊教育的需求开发特色教育资源，保障所有适龄儿童和青少年公平地获得优质数字教育资源。任务三是，在信息化的实施和推进过程中，要采取多种措施支持经济欠发达地区的学校信息化建设，重点支持农村地区、边远贫困地区、民族地区的学校信息化。积极推动区域公共服务体系的建设，通过公共服务平台促进优质数字教育资源的共享，努力缩小地区之间、城乡之间和学校之间的数字化差距。

二、推进信息技术与教学融合

我国基础教育在教学信息化应用方面取得了巨大的成绩。初步建成了国家基础教育资源库（涉及7类资源，36个学科，覆盖1—9年级多种版本教材的教育教学内容）、建成了基本满足农村中小学教育教学需求的资源体系。数字化资源已成为大多数基础教育学校的重要教学资源，据抽样统计，我国基础教育中71%的学校拥有不同数量、不同形式的数字教学资源。25%的学校为教师提供了专门的教学资源编辑软件，27%的学校建立了统一的教学资源管理平台，58.5%的学校拥有自主开发的数字化资源。8%的学校建立了网络教学或辅助教学平台，多数教师在备课与课堂中“较为经常”使用信息技术。但是，我国基础教育的信息应用水平还比较低。基础教育学科教学最常用到一些通用的办公软件和课件制作软件，学科专用的教学软件应用较少。在所有的学科专业软件中，“几何画板”类软件应用范围相对较广，其次是物理、化学等教学的“仿真实验室”类软件平台，文科的学科专用软件相对比理科的少。

缩小基础教育的数字鸿沟，不仅要加强信息基础设施、教学资源等方面的建设，更要进一步推进信息技术与教学的深度融合。一方面，更新教学理念，建设智能化教学环境。根据不同教学对象的特征，发展特色的信息化教学装备和数字教育资源，支持启发式、探究式、讨论式、参与式等新教学方式的探索与实践；结合素质教育的需求，建设智能化教室，支持学生的自主学习活动，探索建立以学习者为中心的教学新模式；支持校际之间不同教室的实时互动，提供网络校际协作学习环境，促进先进的教学方法与经验的传播。另一方面，通过教研与培训，提升教师运用信息技术的能力。各种信息化教学成果的普及，都离不开基层教师信息化能力的提升。建设各种类型各门学科的网上教研社区，鼓励和组织高级、特级教师以及教育研究人员等专家参与指导基层学校的教师的信息化教学活动，以专家引领带动教师的专业发展和水平提升。

三、培养学生信息化环境下的学习能力

我国基础教育在信息技术教育方面取得了显著成绩。基础教育环节的信息技术课程教育与信息技术的学科应用逐步展开。据抽样统计，我国基础教育中已有 67.5%的学校为学生开设了信息技术课程，学习信息技术课的学生参与比例达 69%。基础教育阶段的信息技术教育是提升国民信息素养的有效途径。为满足信息时代经济建设和社会发展的需求、应对未来国际竞争，必须从小培养国民的数字化生存能力。

培养学生信息化环境下的学习能力，可以从以下几个方面着手。一是完善应用环境，普及信息技术教育，培养学生在信息化环境下的良好学习习惯；建设面向校园的信息健康防护的技术体系和保障体系，为青少年提供绿色安全文明的网络应用环境。二是结合素质教育过程，提升学生应用信息技术的能力。开展多种形式的信息技术应用活动，发展学生的兴趣和特长，鼓励学生开展网上合作学习等活动；引导学生利用信息技术进行自主学习，培养学生利用网上搜索、软件编程等手段分析问题和解决问题，提升学生综合信息化素养，为其接受后期阶段的教育奠定基础。

基础教育信息化发展水平框架的专栏提出了 2020 年基础教育信息化的总体发展目标，从学校信息化建设、教育教学方式变革、学生信息化能力培

养三个方面确定了发展水平的评测维度。这些维度是定性的描述，各地区各学校可以按照因地制宜的原则，根据自身的发展水平和现实条件，在此基础上设计出具体的定量的评测指标，进而明确基础教育信息化的发展基线和年度规划。

第五章　加快职业教育信息化建设，支撑高素质技能型人才培养

【原文】

职业教育信息化是培养高素质劳动者和技能型人才的重要支撑，是教育信息化需要着重加强的薄弱环节。大力推进职业院校数字校园建设，全面提升教学、实训、科研、管理、服务方面的信息化应用水平。以信息化促进人才培养模式改革，改造传统教育教学，支撑高素质技能型人才培养，发挥信息技术在职业教育巩固规模、提高质量、办出特色、校企合作和服务社会中的支撑作用。

加快建设职业教育信息化发展环境。加强职业院校，尤其是农村职业学校数字校园建设，全面提升职业院校信息化水平。建设仿真实训基地等信息化教学设施，建设实习实训等关键业务领域的管理信息系统，建成支撑学生、教师和员工自主学习和科学管理的数字化环境。

有效提高职业教育实践教学水平。充分发挥信息技术优势，优化教育教学过程，提高实习实训、项目教学、案例分析、职业竞赛和技能鉴定的信息化水平。改革人才培养模式，以信息技术支撑产教结合、工学结合、校企合作、顶岗实习。创新教育内容，促进信息技术与专业课程的融合，着力提高教师运用现代信息技术的能力和学生的岗位信息技术职业能力。加强实践教学，创新仿真实训资源应用模式，提高使用效益。

有力支撑高素质技能型人才培养。以关键技术应用为突破口，适应职业教育的多样化需求，以信息技术促进教育与产业、学校与企业、专业与岗位、教材与技术的深度结合。开展人才需求、就业预警和专业调整等方面的信息分析，增强职业教育适应人才市场需要的针对性与支撑产业发展的吻合度。大力发展远程职业教育培训，共享优质数字教育资源，支撑职业教育面向人人、面向社会。

专栏二：2020 年职业教育信息化发展水平框架
1. 全面提升职业院校信息化水平，主要维度为： ☐ 宽带网络接入、数字化技能教室、仿真实训室等数字化环境、场所覆盖面； ☐ 职业教育数字资源数量与质量满意度及网络教学平台覆盖面；

续表

专栏二：2020年职业教育信息化发展水平框架
□ 职业院校工学结合、校企合作等信息化支撑平台的应用情况。 2. 职业教育实践教学水平显著提升，主要维度为： □ 虚拟实训软件数量和应用满意度及专业覆盖面； □ 教师教育技术职业能力考核通过率； □ 虚拟仿真实训教学软件、实训基地与国家重点产业和战略性新兴产业的对接情况。 3. 学生信息技术职业能力提高，主要维度为： □ 学生岗位信息技术职业能力考核通过率和学生满意度； □ 学生应用信息技术提高职业技能情况。 4. 职业教育社会服务能力明显增强，主要维度为： □ 人才预测、就业预警和专业调整信息系统数据的准确度； □ 远程教育资源面向社会开放情况。

【文字解读】

职业教育是推动经济发展、促进就业、改善民生、解决“三农”问题的重要途径，是缓解劳动力供求结构矛盾的关键环节，是我国教育工作的战略重点。改革开放三十多年来，我国职业教育取得了巨大的发展，目前中等、高等职业学校的招生数占高中阶段教育招生总数和高等学校本专科招生总数的比例都已接近或超过半数，宏观教育结构已经有了较大的调整。但是与其他类型的教育相比，我国职业教育发展依然相对滞后。在我国重点产业调整振兴规划实施、战略性新兴产业崛起的新形势下，职业教育与经济社会发展需要的矛盾更为突出。为此，《教育规划纲要》提出以提高质量为重点，提升职业教育基础能力。以服务为宗旨，以就业为导向，通过专业结构的调整等措施，实现职业教育和产业发展的对接，为建设人力资源强国提供有力的支持。

《教育信息化规划》贯彻和落实《教育规划纲要》对职业教育的发展部署，明确指出职业教育信息化是教育信息化需要着重加强的薄弱环节。我国职业教育信息化的发展目标包括两个方面。一方面，针对职业教育信息化整体薄弱的现状，加快信息化建设工作。加快以数字校园为核心的职业院校信息化基础设施建设，全面推进信息技术在职业教育教学、科研和管理中的广泛应用，推动优质职业教育资源的开发和共享；利用信息技术的优势巩固职业教育的办学规模、提升职业教育的质量。另一方面，面向职业教育和产业发展的对接需求，利用信息技术支撑高素质技能型人才的培养。适应国家工业化与信息化融合发展的战略需要，着力推进信息化改造传统职业教育的专业、课程、教材和教法，培养熟练掌握信息技术的高素质技能型人才；建设校企合作的信息化环境，加强在人才需求、就业预警等方面的信息分析，促进职业教育与产业的对接，增强职业教育的服务社会的水平，为实现我国建设人力资源强国的目标提供支撑。

加快职业教育的信息化建设，不仅包括职业教育学校信息基础设施的建设，还包括面向职业教育实践教学的信息化应用的推广，支撑职业教育学校与产业对接的信息化环境的建设等。《教育信息化规划》进一步从“加快建设职业教育信息化发展环境”、“有效提高职业教育实践教学水平”、“有力支撑高素质技能型人才培养”三个方面具体阐述了职业教育信息化的发展任务。

一、加快建设职业教育信息化发展环境

我国职业教育信息化在基础设施和应用方面取得了显著的进步。据抽样统计①，我国中等职业教育学校联网率达 85%，已联网学校的出口带宽均值达 107 Mbps；97.5%的中职学校建有计算机机房，87.5%的学校建有多媒体教室；生机比为 9∶1，师机比为 2∶1。中职学校中 55%的学校建立了学校主页，25%的学校建有校级电子邮件系统，20%的学校建有校园公告系统，27.5%的学校建有校园卡系统，32.5%的学校建有集成各种信息资源的内部信息门户。但是，从整体上看，现有职业教育信息化工作还较为薄弱。职业教育院校的信息化基础设施不足、信息系统普及水平较低。面向职业技能培养的仿真实训基地、数字化技能教室等信息化装备设施不足，面向职业技能培养的教学资源、教学辅助工具等较为缺乏。同时，职业教育仍存在较大的城乡差距，农村地区的职业教育资源短缺、基础能力较弱，涉农职业教育的学科专业建设

① 本节所引用的抽样统计数据，如无其他说明均来自于 2008 年教育部教育改革和发展战略与政策研究重大课题“教育信息化建设与应用研究”的调研结果。《基础教育信息化建设与应用现状调研问卷》，问卷统计范围涉及北京市、吉林省、甘肃省、河北省、山东省、湖南省、浙江省、海南省、云南省共 9 个省（直辖市）的 41 个区县的普通中专和职业高中，调研统计截至 2008 年 11 月。

滞后于非农专业，农民职业教育与培训的参与率较低。

加快建设职业教育学校的信息化发展环境，包括基础设施建设、应用系统普及等方面的内容。在基础设施方面，加快完成职业院校数字校园的普及建设，大力建设仿真实训基地、数字化技能教室等具有职业教育特色的信息化教学设施。加强经济欠发达地区，尤其是农村职业学校的数字校园建设与投入。在应用系统方面，充分考虑职业教育的特点，建设实习实训、专业设置等关键领域的管理信息系统。结合数字化图书馆、数字化校园等信息化建设，建成职业教育学校的综合数字化环境，支持实践教学、教务管理、校园服务等活动的开展，为师生员工的自主学习和科学管理提供技术支撑。

二、有效提高职业教育实践教学水平

我国职业教育在信息化教学方面取得了显著的进步。已经建成国家职业教育资源库（130多个网络课程，非学历成人继续教育资源1 804门次）。据抽样统计，我国中职学校中，10%的中职学校建有网络教学或辅助教学平台；79%的学校反映信息技术的应用对于改进教学效果有“较大的帮助”，其中16%的学校认为有“非常大的帮助”。中职学校中绝大多数学校拥有数字教学资源。校均数字视频教学资源达385小时，校均非视频数字教学资源达269 GB；校均多媒体光盘资源97片，校均电子图书资源6 249册；25%的学校为教师提供了专门的教学资源编辑软件，25%的学校建立了统一的教学资源管理平台；85%的学校拥有自主开发的数字资源。然而，需要指出的是，目前职业教育的信息化教学还停留在课件数字化的阶段，信息技术与教学的融合程度较低，面向职业教育特征的实践教学资源较为缺乏，信息技术对实践教学的辅助作用较为有限。例如，中职学校中网络教学或辅助教学平台的普及率只有10%，最经常采用信息技术辅助教学的学科依次为英语、语文、数学等。

为提高职业教育质量，必须有效提高职业教育实践教学水平。一是优化教学过程，提高实践教学的信息化水平，建设面向项目教学、案例分析等环节的教学辅助工具，开发为实习实训、职业竞赛和技能鉴定等教学过程服务的信息系统，提升学生的实践技能。二是改革人才培养模式，提高与产业对接力度，建设产教结合、校企合作的信息平台，建设支持顶岗实习等实践环节的教学管理信息系统。三是创新教学内容，改进专业与课程设置，促进信息技术与专业课程的融合，培养教师运用信息技术组织教学的能力，提升学生在岗位需求下应用信息技术的能力。四是加强实践环节的教学，建设和推广虚拟仿真实训教学系统，模拟实际工作环境和条件下对业务流程与设备操作，提高办学的效益。

三、有力支撑高素质技能型人才培养

当前经济社会发展已经步入关键时期，为了推进我国经济发展方式的战略性转变，建设人力资源强国，不但迫切需要培养一大批拔尖创新人才和数以千万计的工程技术人才，而且迫切需要培养数以亿计的高素质劳动者和技能型、应用型人才。近年来，社会对各类技能型人才的需求量却很大，“技工荒”时有发生。因此，必须发展面向人人、面向社会的职业教育。利用信息化手段，合理配置教育资源，适应经济社会发展对多层次人才的需求，支撑高素质技能型人才的培养。

以信息技术支撑高素质技能型人才培养，重点推进以下工作：一是开发关键应用，在人才培养方面，促进教材与技术、专业与岗位的深度结合，在社会服务方面，促进学校与企业、教育与产业的深度结合。二是改进办学方式，通过建设人才预测、就业预警和专业调整的综合信息系统，适应市场需要和产业发展，增强职业教育专业设置与人才培养的针对性、与产业发展的吻合度。三是提升社会服务能力，建设面向社会开放、满足公众需求的远程职业培训信息化支撑体系，建设面向农村、面向城市社区的远程职业教育学习中心，支撑职业教育面向人人、面向社会。

职业信息化发展水平框架的专栏提出了 2020 年职业教育信息化的总体发展目标，从职业院校信息化水平、实践教学水平、学生信息技术职业能力、社会服务四个方面给出了发展水平评测维度的定性描述。其中，着重强调了虚拟仿真实训软件和实训基地，以及数字化技能教室等与职业教育实践教学密切相关的内容。

第六章　推动信息技术与高等教育深度融合，创新人才培养模式

【原文】

高等教育信息化是促进高等教育改革创新和提高质量的有效途径，是教育信息化发展的创新前沿。进一步加强基础设施和信息资源建设，重点推进信息技术与高等教育的深度融合，促进教育内容、教学手段和方法现代化，创新人才培养、科研组织和社会服务模式，推动文化传承创新，促进高等教育质量全面提高。

加强高校数字校园建设与应用。利用先进网络和信息技术，整合资源，构建先进、高效、实用的高等教育信息基础设施，开发整合各类优质教育教学资源，建立高等教育资源共建共享机制，推进高等教育精品课程、图书文献共享、教学实验平台等信息化建设。提升高校教师教育技术应用能力，推进信息技术在教学中的普遍应用。

促进人才培养模式创新。加快对课程和专业的数字化改造，创新信息化教学与学习方式，提升个性化互动教学水平，创新人才培养模式，提高人才培养质量。加速信息化环境下科学研究与拔尖创新人才培养的融合，推动最新科研成果转化为优质教育教学资源，创新拔尖学生培养模式。推动学科工具和平台的广泛应用，培养学生自主学习、自主管理、自主服务的意识与能力。创新对口支援西部地区高校工作模式，鼓励东西部高校共建共享优质教学和科研资源。

促进高校科研水平提升。建设知识开放共享环境，促进高校与科研院所、企业共享科技教育资源，推动高校知识创新。构建数字化科研协作支撑平台，推进研究实验基地、大型科学仪器设备、自然科技资源、科学数据、科学文献共享，支持跨学科、跨领域、跨地区的协同创新。不断提高教师、科研人员利用信息技术开展科研的能力，推动高校创新科研组织模式和机制，完善高等教育科技创新体系，引领信息时代科技创新。

增强高校社会服务与文化传承能力。积极利用信息化手段，推进产学研用结合，加快科研成果转化，提高高校服务经济社会发展的能力。依托信息技术，面向社会公众开展学科教育、科普教育和人文教育，提高公众科学素质和

人文素质。构建高校网上虚拟社区，广泛进行思想与文化交流，创新、发展先进文化。开发国际汉语教学和文化宣传优质数字教育资源，支持中文教育国际化及跨文化教育交流，推动网络孔子学院建设，积极传播中华民族优秀文化。

专栏三：2020 年高等教育信息化发展水平框架
1. 绿色、安全、文明的数字校园基本建成，主要维度是： □ 校园网覆盖范围、带宽、安全及泛在信息平台的普及使用情况； □ 数字化教室等信息设备的配置与使用情况，及对教育改革和创新的支撑情况； □ 数字教育教学资源库及优秀数字文化资源的建设、共享与使用情况； □ 教学、科研、教师、学生、财务等管理信息系统的建设、数据共享与使用情况。 2. 人才培养模式创新普遍开展，主要维度是： □ 信息技术与教学深度融合的教学模式、方法、内容创新应用情况； □ 信息化环境下教学业务组织与流程创新的情况； □ 在信息化条件下，学生自主学习、自主管理、自主服务的情况； □ 科研成果转化为数字教学资源及在教学中的应用情况。 3. 科研创新信息化支撑体系基本建成，主要维度是： □ 基于网络的协同科研开展情况及针对专业领域的科研网络社区建设与使用情况； □ 科研条件与资源的共享情况； □ 信息化促进产学研用结合情况。 4. 利用信息化手段服务社会和传承文化，主要维度是： □ 信息化支撑科研成果转化情况； □ 公共教学与科研资源对校外科普教育、人文教育、学科教育的辐射情况； □ 多语言、跨文化的教育资源与学习平台应用情况及在国际文化交流领域的辐射情况。

【文字解读】

高等教育承担着培养高级专门人才、发展科学技术文化、促进社会主义现代化建设的重大任务，对建设人力资源强国和创新型国家具有十分重要的作用。改革开放以来我国高等教育发展迅速，过去十年实现了跨越式的发展，进入了大众化发展阶段，数量规模跃居世界第一，我国已经成为世界瞩目的高等教育大国。但是从建设高等教育强国和增强高等教育国际竞争力的要求来看，我国的高等教育的整体质量不高，突出表现为：人才培养模式单一、高校存在同质化倾向、自主创新能力不强、产学研结合比较薄弱、对经济社会发展的服务水平低等。为此，《教育规划纲要》将全面提高质量列为今后十年高等教育发展的核心任务。

目前，我国高校的信息化基础设施建设和初级应用已经基本普及，高等教育信息化总体上处于发展提升阶段。与基础教育、职业教育相比，高等教育信息化在发展水平、人才储备、资金实力等方面都有一定的优势，有条件成为我国教育信息化的创新力量。未来十年的高等教育信息化工作，不但要进一步加强基础设施和信息资源建设，更要进入教育与技术深度融合发展的阶段，通过信息化创新人才培养模式，支撑人才培养质量的提高。《教育信息化规划》对高等教育信息化的目标定位是“促进高等教育改革创新和提高质量的有效途径，是教育信息化发展的创新前沿”。

推动信息技术与高等教育的深度融合，不仅要加强高校数字校园的环境建设，更要实现信息技术在高校人才培养、科学研究、社会服务与文化传承等方面的深度应用。发挥信息技术的优势，促进教育内容、教学方法的创新，培养高素质创新人才；建设数字化科研环境，提升科研协作的水平，促进科研质量提高和高水平重大科研成果的形成；建设数字化文化传播环境，提升高校的社会服务能力和文化传承影响力。《教育信息化规划》从“加强高校数字校园建设与应用”、“促进人才培养模式创新”、“促进高校科研水平提升”、“增强高校社会服务与文化传承能力”四个方面具体阐述了高等教育信息化的发展任务。

一、加强高校数字校园建设与应用

我国已经基本完成了高校信息化基础设施的普及。据抽样统计①，我国高等学校已经全部建成了校园网络，校园网在学生宿舍、教学、科研与管理楼宇的覆盖率达到 85.32%，学校无线网覆盖学校公共区域的比例达到 15.82%，学生人均信息点数达 0.677 个；校园网主干带宽达到 656.5 Mbps，出口带宽

① 本节所引用的抽样统计数据，如无其他说明均来自于数据来源：2008 年教育部教育改革和发展战略与政策研究重大课题“教育信息化建设与应用研究”的调研结果。《中国高校信息化建设与应用水平调研问卷》，问卷统计范围涉及北京市、上海市、广东省、湖南省、湖北省、陕西省、甘肃省、内蒙古自治区、云南省、吉林省 10 个省、自治区、直辖市的 300 余所高等学校、高等职业技术学院，调研统计截至 2008 年 11 月。

均值为 336.0 Mbps；高校多媒体教室比例达到 44.40%，师生人均拥有个人计算机 0.628 台。我国高校的教育资源建设也取得了显著的发展，建成了高等教育精品课程资源库，初步建成了中国高等教育文献保障体系、中国高校人文社科文献中心、中国大学数字博物馆资源共享服务体系等公共教育资源。绝大多数高校已经建立了教学资源库。据抽样统计，53.4%的高校建立了全校统一的教学资源管理平台，校均数字教学资源达 618 GB；83.72%的高校建立了电子图书资源，校均电子图书资源达 32.2 万册。虽然我国高校信息化基础设施的建设已经具有一定的规模，但需要指出的是，高等教育信息化的发展不平衡较为明显。在经济发达地区与少数民族地区、边远地区之间的差距比较突出，东部地区与西部地区的差距明显。不同类型的高校如"985"、"211"高校、一般本科院校与高职院校之间存在较大差距。网络安全措施有待加强，网络服务质量有待提高。高等教育信息化对于人才培养、科研组织、社会服务等方面的支撑作用尚未显现。

高校数字校园的建设与应用是开展各项高等教育信息化工作的前提和基础，包括几个方面的内容。一是进一步完善高等院校的信息基础设施。部署和利用先进网络和信息技术，构建先进、高效、实用的数字校园，支持学生在校园内任何地方、任何时刻都可以访问优质数字教育资源。二是加强高等教育资源建设。在现有的高等教育精品课程资源库、数字图书馆、数字博物馆的基础上，推进高等教育精品课程、图书文献共享、教学实验平台等信息化平台与系统的建设，促进优质数字资源在不同地区、不同高校、不同学科之间的共享，缩小高等教育的数字差距。三是提高高校教师在教学过程中运用信息技术的能力。鼓励教师通过信息技术开展教学设计、创新教学环节和教学方式，推进信息技术在各专业教学中的普遍应用。

二、促进人才培养模式创新

我国高校信息化教学方面取得了长足的进步。据抽样统计，高校普遍采用信息技术改进教学方式，采用多媒体教学的课程比例达到 53%，52.7%的高校建有网络（辅助）教学平台，采用网络辅助教学的课程比例达到 23%。在信息化实施效果方面调研结果显示，89.6%的高校认为帮助学生、教师获得了更多的学习、教学资源，86.4%的高校认为提高了课堂教学质量。同时，高校在校园管理和服务信息化方面也取得了显著的成绩。据抽样统计，70.8%的高校建有学校电子邮件系统，37.1%的高校建有校园公告系统，60.2%的高校建有一卡通系统，85.5%的高校建立了服务于教学、科研、管理和生活等方面的电子校务系统。但是，现有的高校信息化对于提升高校素质教育、培养创新人才的支持不足。例如，数字化课程资源的设计大多基于传统宣贯式教学，对个性化差异化的学习方式支持不足；专业课程的教学资源的内容更新较慢，与最新科研成果的结合程度有限，对启发式教学方式的支持不足；特色的学科工具、协作学习平台等信息系统较为缺乏，不利于学生开展自主学习。

促进高校人才培养模式的创新是高等教育信息化的首要任务，具体包括以下几个方面。一是积极探索信息化教学与学习的新方式，加快现有学科专业和课程的数字化改造，建设开放、互动、知识共享的信息化教学平台。施行差异化教学，提升个性化互动教学水平，帮助学生实现个性化学习；推进师生共同参与的研究型、探究式教学模式，培养学生的创新能力。二是推进科研与教学互动，加速科学研究与创新型人才培养的融合，鼓励学生参与科学研究和技术创新；推动最新科研成果转化为优质教育教学资源，实现人才培养和科学研究同步跨越。三是通过应用各种学科工具和平台，提高学生在信息化环境下自主学习的能力；推广校园管理与服务应用系统，提高学生自主管理、自主服务的意识。四是建立东西部高校间资源共享与科研协作平台，鼓励共建共享优质教学和科研资源，联合开展科研活动和人才培养，通过信息技术创新为东西部高校的对口支援工作提供支持。

三、促进高校科研水平提升

科研信息化为科研人员提供信息化的手段，是提高科研效率的倍增器。目前，我国高校科研信息化方面取得了一定的成绩，但整体水平不高。据抽样统计，18.7%的高校建立有科研项目协作交流平台，21.9%的高校建立有科研知识共享平台。50.0%的“985”、“211”院校每天进行科研信息的更新，35.9%的本科院校平均每周进行更新。只有22.8%的高校提供支持科研项目的专业工具软件；仅10.5%的高校建立了可服务全校的高性能计算系统；约14.9%的高校有大型仪器设备的网上信息查询或预订。

利用信息技术创新科研组织模式和机制，促进高校科研水平提升。一是建设支持知识开放共享的数字化环境，有效整合各种计算资源、数据资源、网络通信资源以及科学研究工具，为高校、科研院所、企业之间提供交流、合作、管理与服务一体化的信息化研究环境。二是构建数字化科研协作支撑平台，支持跨学科、跨领域的科研协作与协同创新，推进研究实验基地、大型科学仪器设备、自然科技资源、科学数据、科学文献等科技教育资源的共享。三是提高科研人员利用信息化开展科学研究的能力，形成广泛开放合作的科学研究机制，通过创新科研组织模式与方法，促进高校科学研究水平的整体提升。

四、增强高校社会服务与文化传承能力

随着高等学校与社会联系的日益广泛和密切，服务社会日益成为高等学校的重要职能。现代社会经济、科技、文化的快速发展也对高等学校服务社会的能力提出了更高的要求。《教育规划纲要》明确提出，高等学校要牢固树立主动为社会服务的意识，全方位开展服务。

利用信息技术提升高校社会服务和文化传承能力，主要体现在以下方面。一是推进产学研用结合，利用信息技术服务技术创新、技术转移。构建网上科技咨询服务平台，传播最新科研成果，提高现有科技成果的转化率。二是依托信息技术，面向公众开放高校的优质数字教育资源，提供科普教育、专题教育、通识教育、人文与学科教育等方面的公共服务，促进公众科学素质和人文素质的提高。三是构建高校网上虚拟社区，推动广大师生和社团进行广泛的思想与文化交流。通过网上文化宣传平台，传播先进的时代文化，服务全民科学文化素质的提高。四是面向海外提供公共教育资源，尤其是汉语教学资源和优质文化资源，支持文化教育交流活动。建立辐射全球的网络孔子学院信息化支撑平台，实现中文教育资源的广泛共享，支撑孔子学院的各项教学活动和管理需求，促进中华民族优秀文化的传播。

高等教育信息化发展水平框架的专栏提出了2020年高等教育信息化的总体发展目标，从数字校园建设、人才培养、科研创新、服务社会和传承文化四个方面确定了发展水平的评测维度。这些维度是定性的描述，其中对信息技术与教学的深度融合的教学模式、方法、内容的创新进行了强调，各高校可以按照因地制宜的原则，根据自身的发展水平和现实条件，在此基础上设计出具体的定量的评测指标，进而明确高等教育信息化的发展基线和年度规划。

第七章　构建继续教育公共服务平台，完善终身教育体系

【原文】

继续教育信息化是建设终身学习体系的重要支撑。构建继续教育公共服务平台，推进开放大学建设，面向全社会提供服务，为学习者提供方便、灵活、个性化的信息化学习环境，促进终身学习体系和学习型社会建设。

推进继续教育数字资源建设与共享。建立继续教育数字资源建设规范和网络教育课程认证体系。探索国家继续教育优质数字资源公共服务平台的建设模式和运营机制，鼓励建设各类继续教育优质数字资源库。充分利用包括有线电视网在内的公共通信网络，积极推动教育资源进家庭。推动建立优质数字教育资源的共建共享机制，为全社会各类学习者提供优质数字教育资源。

加快信息化终身学习公共服务体系建设。持续发展高等学校网络教育，采用信息化手段完善成人函授教育和高等教育自学考试，探索中国特色高水平开放教育模式。根据现代远程教育发展和学习型社会建设的需要，探索开放大学信息化支撑平台建设模式，加强继续教育机构的信息化建设，建立遍及城乡的一站式、多功能开放学习中心，促进终身学习公共服务体系建设。

加强继续教育公共信息管理与服务平台建设。完善继续教育“学分银行”制度，探索相关信息系统与支撑平台建设与运行模式，建设支持终身学习的继续教育考试与评价、质量监管体系，形成继续教育公共信息管理与服务平台，为广大学习者提供个性化学习服务，为办学、管理及相关机构开展继续教育提供服务。

专栏四：2020 年继续教育信息化发展水平框架
1. 继续教育优质数字资源全面普及，主要维度是： ☐ 学习者可选优质数字教育资源覆盖情况； ☐ 课程资源通过评估与认证的情况； ☐ 家庭可访问数字教育资源的数量及利用率。 2. 继续教育开放灵活的公共服务体系基本建成，主要维度是： ☐ 继续教育学习中心的功能及覆盖率； ☐ 继续教育学习中心的支持服务满意度； ☐ 为国家开放教育提供信息化支撑情况。

续表

专栏四：2020 年继续教育信息化发展水平框架
3. 继续教育信息管理与服务平台普遍应用，主要维度是： □ 继续教育管理系统应用与数据互联情况； □ 办学机构的信息化水平； □ 学习者数字化学习成果认定、学分累计与转换情况。

【文字解读】

继续教育是面向学校教育之后所有社会成员特别是成人的教育活动，包括学历教育和非学历教育、职业导向教育和非职业导向教育。目前，我国已形成了成人函授、高等教育自学考试、高校网络教育等多层次办学方式的继续教育体系。但是，我国继续教育事业还不能完全适应经济社会发展以及人民群众的需求，继续教育仍然是当前我国教育体系中的薄弱环节：《教育规划纲要》提出要加快发展继续教育，搭建终身学习的“立交桥”。

20 世纪 90 年代以来，我国逐步在继续教育领域广泛应用信息技术，取得了显著的成就。目前，我国远程继续教育基本完成了从函授、广播电视到互联网的跨越，继续教育迎来了信息化建设的快速发展时期，教学和服务功能不断提升。但是，我国继续教育信息化也面临很多问题，具体表现为：优质教育资源缺乏，不能满足社会各类学习者的学习需求；终身学习公共服务体系尚未建立，继续教育的管理与服务水平较低，还难以为学习者提供随时随地的个性化学习服务。

为破解上述难题，《教育信息化规划》提出以构建继续教育公共服务平台为核心，完善我国现有的终身教育体系。建设继续教育公共服务平台，是整合成人函授、高等教育自学考试、高校网络教育等现有各类继续教育机构的教育资源、信息资源的重要途径，是搭建面向终身学习的“立交桥”的重要基础。以卫星电视、互联网为载体，搭建服务于学习型社会建设的继续教育公共服务平台，形成覆盖市、县乃至乡、村的教育培训网络，为社会民众提供不受时空限制、人人可参与、高质量的各种培训学习服务，服务于全民学习、终身学习的学习型社会建设。

国家开放大学将是一所面向全体社会成员，充分利用现代信息技术，能够集聚社会优质教育资源并输送到广大基层、农村、边疆、革命老区和少数民族地区，实现优质教育资源全体社会成员共享，促进教育公平，促进区域经济和社会的协调发展，满足全民终身学习及其多样化需要的大学。推进开放大学建设，以广播电视大学为基础，充分发挥现代信息技术的优势，整合利用高等学校及社会优质的教育教学资源，开发适合各类社会成员的继续教育学习资源，促进继续教育资源开放共享。形成多元化、多层次的继续教育公共服务体系，为公众提供方便、灵活、个性化的学习环境，满足灵活多样、高水平的继续教育的发展需求，实现“人人能学、时时能学、处处能学”的学习型社会。

《教育信息化规划》从“推进继续教育数字资源建设与共享”、“加快信息化终身学习公共服务体系建设”、“加强继续教育公共信息管理与服务平台建设”三个方面具体阐述了继续教育信息化的发展任务。

一、推进继续教育数字资源建设与共享

新中国成立以来，我国一直大力推进继续教育事业。20 世纪 50 年代开始，继续教育的主要形式是函授教育。90 年代以后，随着现代科学技术的发展，以计算机和网络技术为核心的现代远程教育开始出现。目前，我国已经初步建立了面向继续教育的现代远程教育体系。据统计，截至 2006 年年底，全国设立了国家级远程职业学校 2 个，省级分校 50 多所，地级分校 660 多所，县级分校（站点）5 300 个，开展远程培训服务的企业达 25 家，每年学历和非学历职业教育在学人员近 80 多万人次。据统计①，截至 2007 年年底，有 68 所普通高等高校和中央广播电视大学开展现代远程教育试点工作，网络高等教育覆盖 10 个学科门类的 180 个专业，累计注册学历教育学生 667 万人，年招生达 135 万人；试点高校共设立 5 034 个校外学习中心，其中在西部地区的学习中心共计 1 247 个，占全部校外学习中心总数的 24.77%；试点高校共开发网络课程 20 834 门，参与校内共享课程 7 553 门，参与校际共享课程数5 526 门，参与校内学分互认课程数 3 315 门，参与校际学分互认课程 2 201 门。

继续教育信息化的首要任务是推进继续教育数字资源建设与共享，缓解继

① 数据来源：《2007 年度全国试点高校现代远程教育年报年检数据分析报告》，统计范围为全国 68 家高校网络教育学院。

续教育资源的不足，主要包括四方面工作：一是制定继续教育数字资源的建设规范，建立网络课程认证体系。继续教育数字资源的建设规范是保证继续教育资源建设高质量和可共享的基础，是推进各级各类继续教育机构教育资源标准化建设的保证，推进资源的标准化建设能有效避免资源的重复建设。网络课程认证体系（E-Learning Courseware Certification）是网络教育质量认证实践中的子领域，包括网络课程资源、教学过程、学习有效性等方面建立一套通用的定性和定量的质量标准体系，网络课程认证体系是保证网络课程资源高质量的基础，是远程继续教育标准化的重要组成部分。二是建设继续教育优质数字资源公共服务平台，本着政府引导、多方参与、共建共享的原则，鼓励各地方、各单位参与数字资源公共服务平台的建设，积极探索继续教育资源共享平台的建设模式和运营机制，打通资源共享的壁垒，避免“资源孤岛”等现象的出现，为不同年龄段、不同学习需求的学习者提供优质数字教育资源。三是鼓励建设各级继续教育资源库，动员地方继续教育相关部门积极参与，形成相对稳定的中央、地方继续教育资源建设梯队，开发适合各类人群开放学习的继续教育课程资源、学习平台、管理平台，满足人民群众随时随地学习的需求，为实现终身学习和全民学习的提供保障。四是充分利用公共通信网络建设接入网络，借助于有线电视网等公共网络推动教育资源进入千家万户，满足家庭学习的需求，使民众足不出户便可享受优质教育。

二、加快信息化终身学习公共服务体系建设

《教育规划纲要》提出“加快发展继续教育，建立健全继续教育体制机制，构建灵活开放的终身教育体系”的任务和目标，信息化终身学习公共服务体系是《教育规划纲要》提出的终身教育体系的重要技术支撑，目标是形成整合与开放继续教育数字化学习资源的模式及机制，搭建共享平台，整合优质普通高等学校继续教育数字化学习资源，并向全社会开放服务（含免费开放和市场化开放服务），服务于终身学习型社会建设。

首先，巩固和推进高校网络教育。自 1999 年在开始实施的网络教育对我国的高等教育事业特别是对继续教育事业和教育信息化起到了重要的推动作用，作出了不可替代的历史贡献。继续大力发展网络教育，完善成人函授教育和高等教育自学考试的信息化工作，充分利用信息技术助力各类继续教育的发展，为成人函授教育、高等教育自学考试等继续教育类型提供方便灵活的教学工具、教务管理系统。形成具有中国特色的集成网络教育、函授教育和自学考试的开放教育模式，提升继续教育的数字化资源的数量和质量，促进各类继续教育机构之间的资源共享。

其次，研究和建设开放大学信息化支持平台，充分利用现代信息技术和互联网，建设一流的支持平台，实现国家开放大学总部和分部、学院、学习中心之间网络高速连接，具有一站式、开放性、可扩展的软件系统，形成四通八达、自成体系的国家开放大学信息化支持平台，满足学习型社会建设的需求。

最后，加强继续教育机构的信息化建设。为适应未来学习型社会的需要，加强遍布城市社区和农村的一站式、多功能的开放学习中心的信息化建设，推进企业培训、学习型社区等多样化学习环境建设。整合与集成各类继续教育机构的信息系统，促进覆盖城乡的终身学习公共服务体系的形成，为社会公众提供方便快捷的自主学习环境。

三、加强继续教育公共信息管理与服务平台建设

继续教育公共信息管理平台是开展继续教育的重要技术支撑。为了便利学习者的终身学习，需要在成人函授、高等教育自学考试、高校网络教育等多种继续教育办学形式之间完成信息共享。继续教育公共信息管理与服务平台的建设，有利于搭建终身学习“立交桥”，有利于各级各类教育纵向衔接、横向沟通，为广大学习者提供多次选择机会，满足个人多样化的学习和发展需要。

继续教育公共信息管理与服务平台的建设包括多个方面的内容。首先，建设“学分银行”相关信息系统与支撑平台，《教育规划纲要》中首次提出“建立学习成果认证体系，建立‘学分银行’制度”，建立继续教育学分积累与转换制度，实现不同类型学习成果的互认和衔接，使不同时间、地点、形式的学习成果得到认定，学分能够累计与转换，促进学历教育之间、学历教育与非学历教育之间的沟通。其次，建立继续教育的公共信息服务机制，向学习者提供各种公共教育服务，为继续教育机构的教学管理、资源共享提供技术支撑环境。建设继续教育考试、评价和质量监管体系，为教育管理部门的办学管理、学籍认证、质量监督等业务的开展提供支撑。通过上述平台与系统的建设，保障终身学习公共服务体系正常运转，支持全民的个性化学习和相关机构的办学和管理服务，为建设学习型社会提供支持。

继续教育信息化发展水平框架的专栏提出了 2020 年继续教育信息化的总

体发展目标，从数字资源普及、公共服务体系建立、管理与服务平台普遍应用三个方面确定了发展水平的评测维度的定性描述，其中强调了学习资源的评估、学习成果的认定、学分累计与转换等内容。各地区各学校可以按照因地制宜的原则，根据自身的发展水平和现实条件，在此基础上设计出具体的定量的评测指标，进而明确继续教育信息化的发展基线和年度规划。

第八章　整合信息资源，提高教育管理现代化水平

【原文】

教育信息化是推动政府转变教育管理职能、提高管理效率和建设现代学校制度的有力手段。大力推进教育管理信息化，支撑教育管理改革，促进教育决策科学化、公共服务系统化、学校管理规范化。

提升教育服务与监管能力。建立教育管理信息标准体系，制定教育管理信息标准，规范数据采集与管理流程，建立以各级各类学校和师生为对象的国家教育管理基础数据库。整合各级各类教育管理信息资源，建立事务处理、业务监管、动态监测、评估评价、决策分析等教育管理信息系统，大力推动教育电子政务，提高教育管理效率，优化教育管理与服务流程，支撑教育管理改革与创新。

提高教育管理公共服务质量与水平。利用信息技术创新教育管理公共服务模式，建立国家教育管理公共服务平台和配套服务机制，扩大和延伸招生、资助等信息服务，为社会公众提供及时丰富的公共教育信息。建立覆盖全体学生的电子档案系统，做好学生成长记录与综合素质评价，并根据需要为社会管理和公共服务提供支持。完善国家教育考试评价综合信息化平台，支持考试招生制度改革。

加快学校管理信息化进程。建立电子校务平台，加强教学质量监控，推动学校管理规范化与校务公开，支持学校服务与管理流程优化与再造，提升管理效率与决策水平，提高办学效益，支撑现代学校制度建设。利用信息化手段提升学校服务师生的能力和水平。

专栏五：2020 年教育管理信息化发展水平框架
1. 各级教育行政部门普遍实现教育管理信息化，主要维度是： ☐ 教育管理基础数据库建设与应用情况及对教育质量常态监控支持情况； ☐ 管理信息标准化和数据互通情况； ☐ 信息化对教育管理改革与创新的支撑程度； ☐ 师生、社会公众对教育信息服务的满意度。

续表

专栏五：2020年教育管理信息化发展水平框架
2. 各级各类学校信息化管理与服务广泛应用，主要维度是： □ 学校管理信息系统建设与应用情况； □ 信息化对学校管理决策的支持情况； □ 师生对学校管理与服务信息化的满意度。

【文字解读】

教育管理信息化是实现各级各类教育管理现代化的重要保证。《教育规划纲要》将国家教育管理信息系统建设列为教育信息化三项重要内容之一。部署和应用各级各类的教育管理信息系统，可以为教育改革和发展提供信息技术保障和决策数据支持，有助于优化教育部门的工作流程，有助于推进教育部门和学校规范管理，有助于强化教育服务、加强教育监管，有助于提升教育管理机构面向学生、教师、家长和社会公众的服务能力。

《教育信息化规划》明确指出教育管理信息化的重要作用，是"推动政府转变教育管理职能、提高管理效率和建设现代学校制度的有力手段"。目前，我国教育管理信息化总体发展较快，但是前期各地各学校信息系统分散建设导致的信息不畅的问题较为严重。教育基础数据的标准不一和采集不足，"数据孤岛"现象明显；现有教育管理系统的差异性大、难以互通，"信息孤岛"现象严重。因此，《教育信息化规划》将"整合信息资源"作为今后教育管理信息化工作的重点，以此为基础强化管理信息化的深度，提高教育管理现代化水平，支撑教育管理的改革。

教育管理信息化工作应以教育管理信息标准为基础，以教育行政部门和学校的信息化需求为导向，开展各级教育行政部门的电子政务、各级各类学校的电子校务等管理信息系统的建设。《教育信息化规划》在电子政务方面提出了"提升教育服务与监管能力"、"提高教育管理公共服务质量与水平"两项具体发展任务；在电子校务方面提出了"加快学校管理信息化进程"的发展任务。

一、提升教育服务与监管能力

我国教育管理服务信息化已经取得较大的发展。自2000年以来，教育部围绕国家教育管理和服务的需要，陆续开展教育管理信息系统建设。教育部机关办公信息网基本建成，建立了政务信息服务平台；以部办公厅为枢纽，初步实现了与省、自治区、直辖市教育行政部门和部属高等学校的政务信息联网交换。据抽样统计①，各级教育行政部门中有80%的单位建立了内网，32.4%的单位建立了专网；超过60%的单位有了邮件系统、信息发布与管理系统、财务管理系统、电子公文交换系统；超过40%的单位有了内部公文流转系统、人事管理系统、设备资产管理系统、招生系统。但是，我国的教育管理服务的信息化水平还不高，在应用方面还存在很多问题。现有设施和条件无法提供完整、准确、及时的教育管理信息和数据，难以支撑对教育发展状况的有效监测、对重大改革项目实施的决策、对各级教育部门管理和监管等应用。在信息系统和基础数据库建设、数据采集交换、技术架构规范等方面整体设计不足。各地区之间、教育机构内部、各部门之间的信息系统建设缺乏统筹。“信息孤岛”、“数据孤岛”现象严重，迫切需要进行数据层面上的集成和应用系统的整合。

国家教育管理信息化的首要任务是通过国家教育管理基础数据库的建设，提升教育服务与监管能力。首先，制定管理数据的标准规范，做好数据采集和管理，建立涵盖各级各类学校、教师和学生的国家教育管理基础数据库，实现管理信息标准化和数据互通，为教育规划与宏观决策提供准确的数据支持。在此基础上，整合各级各类教育管理系统的信息资源，建立事务处理、业务监管、评估评价等业务管理系统，建立动态监测、决策分析等辅助决策支持系统，提升教育管理的智能化水平。支持教育电子政务的全面推进，促进教育行政部门从业务流程管理为主向以服务为导向的职能转变。

二、提高教育管理公共服务质量与水平

我国教育管理公共服务信息化已经取得显著的成绩。目前，以教育部门户网站为中心，基本形成了从中央到地方的教育网站群，已成为政府信息公开的

---

① 本节所引用的抽样统计数据，如无其他说明均来自于2008年教育部教育改革和发展战略与政策研究重大课题“教育信息化建设与应用研究”的调研结果。《教育电子政务现状调研问卷》，问卷统计范围涉及全国31个省（自治区、直辖市）、5个计划单列市教育行政部门、新疆生产建设兵团教育局、65个地（市）及下属的486家县（市、区）教育行政部门，调研统计截至2008年11月。

重要渠道；陆续开展了网络视频会议、网上合作研究、网上招生录取、网上就业服务、网上学历认证服务等重大应用。据统计，各级教育行政部门基本上都建立了门户网站，88.6%的单位建有政务公开专栏，13.6%的单位提供了网上办事，38.6%的单位实现了政府部门与公众咨询互动；81.8%的单位提供了表格下载等办公办事支持服务。同时，教育部主持建立了面向广大公众的信息服务专业网站，如中国科技论文在线网、中国学术会议在线网、中国高校科技成果转化网、高校思想政治教育在线网站、中国大学生在线网站、中国语言文字网等，成为教育面向社会服务的重要内容。但是，我国的教育管理公共服务的整体水平还有待提高，应用程度还有待深化，否则难以满足人民群众日益增长的教育公共服务的需求。

加强教育管理公共服务的信息化是推动教育管理机构转变管理职能、促进服务型政府建设的重要手段。具体包括以下方面的内容：一是建立国家教育管理公共服务平台，探索教育管理公共服务的模式和配套运行的机制。建立各类信息发布系统，为师生和社会公众提供及时丰富的招生、考试、就业、资助、留学等公共信息服务以及学籍、学历等认证和查询服务；推进教育公共服务信息公开，不断扩大和延伸服务领域，推动教育公共服务均衡化发展。二是贯彻以人为本的服务理念，建立覆盖全体学生终身学习电子档案，做好学生成长记录与综合素质评价，提高以学生为中心的各类教育公共服务的质量与水平。三是完善国家教育考试评价综合信息化平台，为教育机构开展普通高校和高等职业院校的分类入学、研究生招生考试等制度的改革提供支持，促进我国考试招生制度的改革和发展。

三、加快学校管理信息化进程

我国各级各类学校的管理信息化工作已经取得较大的成绩。据抽样统计，在基础教育阶段，14%的学校建立了学校主页，11%的学校建有电子邮件系统，4%的学校建有校园公告系统，5%的学校建有一卡通系统，10%的学校建立了服务于管理、教研等方面的信息管理系统。在高等院校中，所有学校都建立了学校主页，70.8%的高校建有学校电子邮件系统，37.1%的高校建有校园公告系统，60.2%的高校建有一卡通系统，85.5%的高校建立了服务于教学、科研、管理和生活等方面的电子校务系统，其中30.3%的高校实现了教学管理、科研管理、人事管理和财务管理等主要校务的信息化。但是，受到各地区的教育信息基础设施水平的制约，学校管理信息化的发展水平呈现较大的差异。

推广和普及电子校务相关管理信息系统。具体包括几个方面的内容：一是建立教学相关的基础数据库，加强对教学质量的日常监控，实现与上级教育管理机构的数据互通。二是建立教学管理、校务管理、师资管理、设备管理等相关的管理信息系统，推动学校管理的标准化、规范化，支持学校服务和管理流程的优化与再造，提升学校管理效率。三是健全校务公开制度，推动学校信息公开，提供校内各项设施和资源的查询服务，提升学校服务师生的能力和水平。

教育管理信息化发展水平框架的专栏提出了 2020 年教育管理信息化的总体发展目标，从行政部门教育管理信息化的普及和各级各类学校信息化管理与服务的应用水平两个方面确定了发展水平的评测维度的定性描述，其中强调了教育管理基础数据库的建设与应用情况、管理信息标准化和数据互通情况等内容。各地区各学校可以按照因地制宜的原则，根据自身的发展水平和现实条件，在此基础上设计出具体的定量的评测指标，进而明确教育管理信息化的发展基线和年度规划。

第九章 建设信息化公共支撑环境，提升公共服务能力和水平

【原文】

信息化公共支撑环境包括教育信息网络、国家教育云服务平台、优质数字教育资源与共建共享环境、教育信息化标准体系、教育信息化公共安全保障体系等，是全国教育机构和相关人员开展各级各类教育信息化应用的公共支撑。建设信息化公共支撑环境，为青少年学生提供健康的信息化学习环境，支撑以学习者为中心的学习模式，为培养创新型人才提供高性能信息化教学科研环境，为构建学习型社会奠定重要基础。

完善教育信息网络基础设施。加快中国教育和科研计算机网、中国教育卫星宽带传输网升级换代，不断提升技术和服务水平。充分利用现有公共通信传输资源，实现全国所有学校和教育机构宽带接入。根据国家互联网战略发展要求率先实现向下一代互联网的过渡。探索国家公益性网络的可持续发展机制。

建立国家教育云服务模式。充分整合现有资源，采用云计算技术，形成资源配置与服务的集约化发展途径，构建稳定可靠、低成本的国家教育云服务模式。面向全国各级各类学校和教育机构，提供公共存储、计算、共享带宽、安全认证及各种支撑工具等通用基础服务，支撑优质资源全国共享和教育管理信息化。

建立优质数字教育资源和共建共享环境。遵循相关标准规范，建立国家、地方、教育机构、师生、企业和其他社会力量共建共享优质数字教育资源的环境，提供优质数字教育资源信息服务；建设并不断更新满足各级各类教育需求的优质数字资源，开发深度融入学科教学的课件素材、制作工具，完善各种资源库，建设优质网络课程和实验系统、虚拟实验室等，促进智能化的网络资源与人力资源结合。坚持政府引导，鼓励多方参与投入建设，发挥多方优势，逐步形成政府购买公益服务与市场提供个性化服务相结合的资源共建共享机制，减少低水平重复开发，实现最大范围的开放共享；提高数字教育资源对教育教学模式改革创新的支持能力和水平，支持偏远地区、少数民族地区、经济欠发达地区和薄弱学校享用优质的教育资源服务。

完善教育信息化标准体系。加强教育信息化标准化工作和队伍建设。制定

相关政策措施，形成标准测试、认证、培训、宣传和应用推广保障机制。加快标准制定步伐，完善教育信息化国家标准和行业标准体系，提高标准的采标率，促进资源共建共享和软硬件系统互联互通。

建立教育信息化公共安全保障环境。加强基础设施设备和信息系统的安全防范措施，不断提高对恶意攻击、非法入侵等的预防和应急响应能力，保证基础设施设备和信息系统稳定可靠运行。采取有效的内容安全防护措施，防止有害信息传播。探索建立安全绿色信息化环境的保障体系和管理机制。

【文字解读】

教育信息化公共基础设施是开展各级各类教育信息化工作的前提和基础。《教育规划纲要》针对目前我国教育信息化基础薄弱的现状，将“加快教育信息基础设施建设”列为教育信息化三项重要内容之一，提出了超前部署教育信息网络、实现各级各类学校接入互联网、加强农村学校信息基础建设、加快中国教育和科研计算机网和中国教育卫星宽带传输网升级换代、制定教育信息化基本标准等具体任务。

《教育信息化规划》在贯彻和落实《教育规划纲要》关于建设教育信息基础设施的任务基础上，进一步提出了“建设信息化公共支撑环境，提升公共服务能力和水平”的发展任务。教育信息化公共支撑环境，涵盖面向为全国所有教育机构、学校乃至全社会服务的，提供各种教育相关信息的传输、存储、交换、共享和安全保障服务的，支撑各级各类教育中教学、科研、管理等信息化应用的综合技术环境。教育信息化公共支撑环境，既包括传统意义上教育信息基础设施的硬环境，如公共教育信息网络、教育云服务平台、教育资源共建共享平台等，也包括支持各类教育信息平台和技术系统可持续发展的软环境，如教育信息化的标准体系、安全保障体系等。

《教育信息化规划》对信息化公共支撑环境的五个组成部分的发展任务分别进行说明，包括教育信息网络、国家教育云服务平台、优质数字教育资源与共建共享环境、教育信息化标准体系、教育信息化公共安全保障体系等。其中，教育信息网络是各种教育信息化开展的前提和基础；教育云服务平台是部署和推广各种教育信息化应用的载体和途径；数字教育资源是教育信息化应用的核心；数字教育资源的共建共享环境是教育资源建设可持续发展的重要保证；教育信息化标准体系是实现教育信息化的规范化和规模化的基础；教育信息化公共安全保障体系是各项教育信息化应用系统稳定可靠运行的保证。构建由上述各方面内容共同组成的教育信息化公共支撑环境，可以为各类学习者提供稳定可靠的教育应用服务、健康充实的教育信息资源、先进高效的教育科研环境，支撑以学习者为中心的各种教学模式的改革与创新，支持以终身学习为目标的学习型社会的构建。

一、完善教育信息网络基础设施

目前，我国已经初步建成了覆盖全国的公共教育信息网络。中国教育和科研计算机网与中国教育卫星宽带传输网覆盖全国、互联互通，初步形成了“天地合一”的国家教育宽带传输网络。中国教育和科研计算机网覆盖全国 31 个省（自治区、直辖市），连接了分布在 200 多个城市的大学、教育机构、科研单位 2 000 多个，用户超过 2 000 万人，已成为世界上最大的国家学术互联网。中国教育卫星宽带传输网站点覆盖了我国几乎所有省市，特别是广大西部、偏远农村和边疆海岛地区，拥有接收终端站点 65 万多个，已发展成为我国乃至全世界应用规模最大的公益性卫星远程教育专业服务网。在全国性教育基础网络以外，一些经济较为发达的地区教育部门也依托本地网络运营商建设了教育区域网、教育城域网，连通区域内的教育系统、各事业单位和学校。虽然我国的教育公共信息网络从无到有、从小到大，已经取得了长足的进步，但是还存在很多不足。教育信息网络发展不均衡，宽带联网普及率低，农村和偏远地区学校网络接入困难，例如，目前中国教育和科研计算机网传输网尚未通达西部大部分地区，而单向传输的中国教育卫星宽带传输网接入带宽能力不足。现有的全国教育骨干网络在传输能力、主干网带宽、网络管理和安全保障服务等方面还不能满足我国教育和科研的发展需求。例如，目前中国教育和科研计算机网网络流量以每年翻一番的速率增长，主干线路中已有 50％的线路利用率超过了 70％。各级教育机构和学校的网络的上网费用较高，财政负担较重，影响了信息化的推广和普及。

《教育信息化规划》将“完善教育信息网络基础设施”列为教育信息化公共支撑环境的首要发展任务。教育信息网络基础设施既包括面向全国的公共教育基础网络，也包括各地区各机构和学校的宽带接入网络。完善教育信息网络基础设施是消除数字鸿沟、促进教育公平的基础技术途径。首先，要加强覆盖全国的公共教育基础网络的建设。加快中国教育和科研计算机网、中国教育卫星宽带传输网的升级换代进程，建立高速稳定的国家级教育宽带信息网络。其次，要加强区域教育基础网络的建设。根据各地的经济发展水平，充分利用公共通信传输资源，建设省级或者市级的教育信息网络，高速连接所有教育机构和学校。最后，积极协调各相关产业和部门，结合国家互联网发展战略，整合教育信息网络资源，改进其运行维护机制。充分考虑技术创新，超前部署下一代互联网等关键技术，对关键的网络设备进行更新换代。充分利用各方资源和力量，探索可持续发展机制，降低网络资费，加强偏远和欠发达地区教育机构和学校的网络接入，保障教育信息网络的公益性特征。

二、建立国家教育云服务模式

在我国各级教育机构和学校中已经部署了多种多样的教育信息化应用系统，范围涵盖教学、科研、管理等各教育环节。随着学习者人数的增长和学习资源的增加，教育信息化应用系统对硬件支撑环境、软件系统和网络带宽等各项技术要求也越来越高，对技术系统的更新升级的压力越来越大。传统的升级硬件支撑环境、软件系统和网络带宽的方法，存在投入大、周期长、维护成本高等问题。通过云计算技术，对信息系统进行统一部署、统一管理和统一提供服务，是解决信息系统可扩展性问题的重要技术途径。由于云计算改变了计算机软件应用与部署的方式，使信息应用的推广和普及更为方便，显著降低了网络应用部署和维护的成本，因此，备受各国在发展教育信息化时的重视。

《教育信息化规划》提出要推广国家教育云服务模式，即基于云计算技术在全国推广各种教育应用系统的信息化发展模式。通过建设国家教育云服务平台，面向全国教育机构和各级各类学校提供通用基础服务和各种教育应用服务，可以有效提升全国教育信息系统的健壮性、稳定性，降低信息系统在部署、运行、维护等方面的开销，对于改变我国教育信息化的发展模式具有重要的意义。建立和推广国家教育云服务模式，首先要加强国家教育云服务平台软硬件环境的建设。充分整合和利用各级各类教育机构的信息基础设施，构建稳定可靠、低成本的、开放先进的国家教育云服务平台，形成资源配置与服务的集约化。其次，利用先进的技术手段，构建多层次的云服务体系。在基础服务层面，提供公共存储、计算、共享带宽、安全认证等通用服务；在应用服务层面，建设教育云资源服务平台并提供海量优质教育资源共享的云服务，建设教育云管理服务平台并提供电子政务、电子校务应用的云服务。

三、建立优质数字教育资源和共建共享环境

我国已经拥有了覆盖各级各类教育教学资源库。据统计①，目前已经初步建成了国家基础教育资源库（7 类资源，36 个学科，4 129 学时学科知识点教学资源，2 869 小时的学习辅导、专题教育和教师培训视频资源，12 507 条多媒体教学素材资源，覆盖 1—9 年级多种版本教材的教育教学内容）、新世纪网络课程建设（321 门）、高等教育精品课程资源库（1 100 门）、国家职业教育资源库（130 多个网络课程，非学历成人继续教育资源 1 804 门次）、网络教育课程资源建设（20 834 门）、国家教师教育课程资源库、全国教师教育网络联盟的教育资源网站等，在全国范围内形成了一批“远程职业教育资源建设、共享与应用基地”（10 个）。初步建成了基本满足农村中小学教育教学需要的资源体系、中国高等教育文献保障体系、中国高校人文社科文献中心、中国大学数字博物馆等资源共享服务体系等。但是，教育信息资源总体缺乏，特别是优质资源匮乏的现象仍然存在。缺少具有自主知识产权的、易学好用、高效多能的平台工具型教育软件。

特别需要指出的是，在教育资源过往建设中，各方主要关注的是资源共享，而对资源共建的环境建设并未给予充分重视。重视共享、轻视共建使得教育资源的建设缺乏持续性发展。问题主要表现为：资源分散，标准化程度低，整合与共享难度大。未形成规范有效的教育资源政府采购制度，优质基础性教育资源的共享程度低，低水平重复建设现象明显。资源的管理与利用缺乏有效机制，各方参与资源共建的积极性低，已有资源的深入应用程度低，师生没有充分享受到有效的教育技术成果。

《教育规划纲要》针对目前我国教育资源总量不足、质量参差不齐的现状，将加强优质教育资源开发与应用列为教育信息化三项重要内容之一，提出要“建立开放灵活的教育资源公共服务平台”。《教育信息化规划》在贯彻落实《教育规划纲要》的基础上，将数字教育资源的发展任务概括为两个要点，即

① 本节所引用的统计数据，如无其他说明均来自于：2008 年教育部教育改革和发展战略与政策研究重大课题“教育信息化建设与应用研究”的调研结果。

优质数字教育资源的建设和数字教育资源共建共享环境的建设。其中，数字教育资源的共建共享环境是《教育信息化规划》着力强调的内容，在多个章节中被多次提到，是缩小各级各类教育的数字鸿沟、促进全国教育信息化应用可持续发展的重要举措。

针对优质数字教育资源建设的发展任务，《教育信息化规划》提出了以下要点。一是加强数字教育资源的标准化建设。规范教育信息资源的采集、描述与组织，实现优质教育信息资源的深度开发、及时处理、安全保存、快速流动和有效利用。二是加强各级各类优质数字教育资源的开发和建设。在学科课程资源方面，引进国际优质数字化教学资源，开发深度融入学科教学的课件素材、制作工具，建设基于知识点的深度融入学科教学的优质课程资源；在教学信息化设置与装备方面，建设优质网络课程和实验系统、虚拟实验室等；在资源的维护方面，通过资源的信息服务等技术手段，通过人人参与资源建设的创新机制，促进各级各类教育资源的不断更新。

针对优质数字教育资源共建共享环境建设的发展任务，《教育信息化规划》提出坚持政府引导、多方参与、共建共享的原则，建立国家、地方、教育、机构、师生、企业和其他社会力量共同参与的共建共享优质数字教育资源的环境。具体包括以下要点。在资源共享的管理与服务方面，加强教育信息资源的统筹规划、协调建设与管理，建立和完善优质教育信息资源开发、遴选和利用的良好体系，建立教育信息资源共享机制，完善知识产权保护制度，推动国家级教育信息资源服务体系的形成。在资源建设的投入与激励方面，坚持政府引导，鼓励多方参与投入建设。政府出资购买基础性教育资源并提供公益性的资源共享服务，各级各类教育机构和学校可以根据自身的教学需求自主采购符合标准的教育资源及其服务。通过公平公开的教育资源共享平台，建立教育资源的评估与评价机制，淘汰低水平重复的教育资源，促进优质教育资源在最大范围内的开放与共享。坚持公益性教育资源建设与共享，加速向偏远地区、少数民族地区、经济欠发达地区和薄弱学校农村地区输送优质教育资源，促进教育均衡发展。

四、完善教育信息化标准体系

经过近十年的努力，我国已经初步建立了教育信息化的标准体系。2002年年底成立的全国信息技术标准化技术委员会教育技术分技术委员会，负责我国教育信息化相关标准的规划、引进、研究、编制、评审及推广应用工作。目前已经发布了40多项标准，内容涉及数字指导类标准、学习资源类标准、学习者信息标准、学习环境标准、教育管理标准等。在教育信息技术应用推广和师资培训方面，教育部颁布了《中小学教师教育技术能力标准（试行）》。在各重大教育信息化工程和项目中，相关单位也形成多个技术标准与规范，例如《中国教育和科研计算机网相关技术标准与规范》、《中国教育卫星宽带传输网技术规范》、《中国数字博物馆标准》、《全国现代远程职业教育资源开发指南》等。在推进教育信息化建设和应用的实际过程中，各部门和地方也形成了很多建设与应用规范。但是，我国教育信息化标准工作还难以满足各项信息化建设的需求。突出表现为：技术标准起草、审批、颁布与推广工作较实践明显滞后，资源系统与信息系统建设中孤岛现象明显。技术标准的管理缺乏专门机构、主管部门，已发布的标准不能有效地在信息化项目的设计与实施中得到贯彻，标准实施协调、指导、培训、监督与评估能力不足，标准采用率低，技术标准制定与推广亟待加强。

教育信息化标准体系是教育信息化公共支撑环境的重要组成部分，是保证各种基础信息系统和平台的信息服务水平及互联互通能力的前提和基础。完善教育信息化标准体系，包括以下具体工作。一是加强教育信息化相关标准的制定工作、教育标准化人员队伍的建设，形成标准化工作的常效发展机制。积极开展教育信息化标准研究，形成符合我国实际情况、结构完备、内容合理的教育信息化标准规范体系。二是制定推进教育信息化标准化工作的政策措施，组建各种教育信息化标准相关机构，形成涵盖标准测试、产品认证、标准培训等标准化支撑体系和机制。三是加快标准制定的步伐，完善现有的教育信息化标准体系，通过建立市场准入制度等手段提高采标率，大力推动标准化的应用与示范，为教育资源的共建共享以及教育信息化软硬件系统的互联互通提供保障。

五、建立教育信息化公共安全保障环境

随着人们对信息和网络的依赖日益加深，信息安全的问题也日益突出。网络与信息安全建设成为当前信息化建设的热点，涉及病毒防治、故障监测、信息过滤、入侵检测等技术系统。目前，我国各级各类教育机构和学校在信息安全等方面的投入和建设还十分薄弱。据抽样统计，我国中小学校中63%的学校没有统一提供网络防病毒系统，87%的学校没有建立入侵检测系统，82%的学校没有建立信息安全保障系统，我国高等学校中只有4.4%的高校通过了信息安全测评或认证。实现教育信息化的安全保障，不但需要各级各类教育机构和学校在自身电子政务、数字校园等建设中加大信息安全方面的投入，更需要加强在公共教育信息网络、服务体系中的安全保障环境建设。为此，《教育信息化规划》提出建立教育信息化公共安全保障环境。该保障环境作为教育信息化公共支撑环境的一个重要组成部分，将为各种基础教育信息系统、平台的安全可靠运行提供必要的技术支撑。

建立教育信息化公共安全保障环境，具体包括以下两方面的工作。一是加强各种信息化安防设施装备的建设。按照国家信息安全等级保护标准的要求，加强教育信息基础设施、教育信息化应用信息系统的安全防范水平。通过监测、评估、测评等方式建立立体化、全方位信息化安全措施，提高对于恶意攻击、非法入侵等的预防与响应能力，保证各项教育信息化系统与平台的安全可靠的长期运行。二是加强内容安全的防护与管理。部署相关的技术装备和系统，防止暴力色情等有害信息对校园文化的侵害，确保管理、教学和服务信息安全，保证教育信息化健康发展。加强各级教育部门和各级各类学校的网络信息安全与文化安全建设和监管力度，完善安全管理体系，探索建立安全绿色的信息化保障体系。

第十章 加强队伍建设，增强信息化应用与服务能力

【原文】

队伍建设是发展教育信息化的基本保障。造就业务精湛、结构合理的教育信息化师资队伍、专业队伍、管理队伍，为教育信息化提供人才支持。

提高教师应用信息技术水平。建立和完善各级各类教师教育技术能力标准，继续以中小学和职业院校教师为重点实施培训、考核和认证一体化的教师教育技术能力建设，将教育技术能力评价结果纳入教师资格认证体系。加快全国教师教育网络联盟公共服务平台的建设，积极开展教师职前、职后相衔接的远程教育与培训。到 2020 年，各级各类学校教师基本达到教育技术能力规定标准。采取多种方法和手段帮助教师有效应用信息技术，更新教学观念，改进教学方法，提高教学质量。

建设专业化技术支撑队伍。明确教育信息化专业人员岗位职责，制定相应的评聘办法，逐步提高专业技术人员待遇。持续开展各级各类教育信息化专业人员能力培训。到 2020 年，实现教育信息化专业人员信息化能力全部达标，持证上岗。

提升教育信息化领导力。建立教育行政部门、专业机构和学校管理者的定期培训制度，开展管理人员教育技术能力培训和教育信息化领导力培训，提升信息化规划能力、管理能力和执行能力，逐步建立工作规范和评价标准，将管理者的信息化领导力列入考核内容。到 2020 年，各级各类管理人员达到教育技术能力相应标准。

优化信息化人才培养体系。加大对教育信息化相关学科的支持力度，优化本科生和研究生培养计划和课程体系。建立教育信息化实训基地，提高实践能力，鼓励高校信息化相关学科毕业生到基层单位和学校从事教育信息化工作。

【文字解读】

队伍建设是发展教育信息化的基本保障。教育信息化的各项工作最终都需要人去落实，人员的素质水平、队伍的可靠稳定是教育信息化的可持续发展的根本要素。《教育信息化规划》强调教育信息化要从以“物”为中心（关注技

术、计算机、网络、软件、资源库等)，转移到以“人”为中心，提出教育信息化“育人为本”的工作指导原则，突出“学生和教师的生命质量”，站在生命的层次上研究和处理教育信息化的各个要素。在多处强调：培养学生信息化环境下的学习能力、提高教师应用信息技术水平、建设专业化技术支撑队伍、提升教育信息化领导力、优化信息化人才培养体系等。规划采取的是面向全体的人力资源观，除了专业化的信息化队伍，更要建立更广泛的统一战线，使每一位教育工作者都得到不同程度的信息化发展，全员参与，最终把每一位教师和学生都视为推进基础教育信息化过程当中的一个核心力量。为此，《教育信息化规划》专辟一章对信息化人员队伍的发展任务进行阐述，提出“加强队伍建设，增强信息化应用与服务能力”。

一、提高教师应用信息技术水平

教师应用信息技术的水平直接影响到信息化教学的最终效果，因此教师的信息技术应用培训至关重要。经过一系列全国范围的重大教师培训项目，我国教师的信息技术应用水平有了长足的进步。国家启动的“全国中小学教师教育技术能力培训计划”在全国26个省、自治区、直辖市广泛推行，截至2011年累计培训教师200多万人次。2003年教育部启动实施了“全国教师教育网络联盟计划”(全国网联计划)。同时，各省市依托“能力计划”、“农远工程”、各类培训项目等也开展了不少针对教师的教育技术能力培训。但是必须认识到，面临全面推广信息化教育的需求，我国教师信息化培训还远不到位、培训规模还远远不够，不同教育类型、不同区域的发展不均衡现象较为明显。教师队伍的知识结构、素质和能力不适应教育信息化发展要求，造成许多基层学校的信息基础设施闲置浪费，影响了信息化教学和改革的发展。在城市地区，网上搜索、网络交流、网络学习成为一部分教师学习与备课的重要方式；但是在农村地区，还有一批教师不会计算机基本操作，城、乡教师技能应用存在很大差异。教师数量大、技术更新快、培训力量有限等诸多因素也制约了教师培训工作的开展。

提高教师应用信息技术水平是开展各种教学信息化应用的前提和基础。《教育信息化规划》对此进行了系统的阐述。一是完善技能标准，纳入考评体系。在现有的《中小学教师教育技术能力标准(试行)》基础上，建立和完善各级各类教师教育技术能力标准，要推进高校教师和职业院校教师的教育技术能力标准的建设。面向中小学和职业教育院校等一线学校的教师，开展教育技术能力的培训。要推进高校教育技术中心在教师教育技术能力培训方面发挥积极的作用。改革教师考评的体系，将教育技术能力的评价结果纳入教师资格认证体系，通过培训、考核和认证等多种手段，促进教师运用教育技术的能力达标。二是借助网络平台，完善培训体系。加快全国教师教育网络联盟公共服务平台的建设，通过网络授课、网络教研等多种手段，实施师范类的远程教育与培训。让教师在参与网络培训的同时，了解和熟悉网络化教学的手段与方法，推进教师职前、职后相衔接的教育技术教育。《教育信息化规划》提出了到2020年的教师应用信息技术水平目标是，全国各级各类教师基本达到教育技术能力规定标准。经过教育技术的培训，使得教师的教学观念有所更新，初步掌握运用信息技术改进教学活动的方法，成为各项教学信息化应用的倡导者和推动者。

二、建设专业化技术支撑队伍

技术支撑队伍的人员素质和队伍稳定性直接影响到各种教育信息化系统和平台的运行效果。长期以来，教育信息化专业技术支撑队伍没有得到应有的重视，整体能力水平较低，发展很不均衡。依托各种教育信息化项目的建设，教育部、各省市教育行政管理部门建立了较为稳定的专业技术队伍；大多数高等院校在建设校园网过程中也基本具备了专业技术队伍保障能力。但是在广大基层教育管理部门、中小学校，尤其是中西部地区的学校中，专门服务于教育信息化应用系统的技术支持队伍远远不能满足实际需要。从整体上看，我国从事教育信息化工作的人员数量与发达国家相比还存在较大差距。教育信息化技术支持队伍的编制与待遇问题长期得不到制度化的解决，导致高素质的专业技术人员流失严重，难以形成稳定的教育信息化队伍。

建设专业化技术支撑队伍是保障各种教育信息化系统正常运行的重要保证。《教育信息化规划》对此进行了系统的阐述。一是解决人事待遇问题。从政策上重视信息化专门人才的引进和培养，建立留住优秀人才的机制。明确岗位职责，制定评聘办法，提高岗位待遇，增强岗位吸引力，稳定人员队伍。二是增强技术能力水平。完善信息化人才的考评和激励机制，持续开展各级各类教育信息化专业人员能力培训，培养一批具有较强能力的信息化人才，形成结构合理的队伍。《教育信息化规划》提出了到2020年的具体目标是，全国所有教育信息化专业人员信息化能力全部达标，持证上岗。

三、提升教育信息化领导力

教育信息化与教学、科研、管理等环节紧密联系，信息系统的推进将带动教学方法的创新、业务流程的再造乃至教育机构的改革。信息化工作涉及教学理念、管理流程的创新和变革，往往需要多个部门的协同和努力，被称为“一把手”工程。教育信息化管理者的领导力直接影响到各种教育信息化建设的实施效果。目前，信息化工作的管理日益得到各级各类教育结构的重视。据抽样统计，基础教育中68%的学校有专门的领导负责信息化建设，其中35%的学校是由正校级负责信息化工作，29%的学校由副校级负责，29%的学校由教务处主任负责。高校中信息化工作的最高领导为正校级的比例达到35%，有21%的高校设置了信息化主管的职位。但是，有关方面还是存在对教育信息化的战略地位认识不到位的情况，将信息化看成是锦上添花，没有认识到教育信息化在教育改革与发展中的引领作用。“一把手”全面参与信息化决策程度低。教育信息化工作缺乏统筹与规划，对教育信息化与业务融合的应用重视不够、深入不够、投入不够。

提升教育信息化领导力是保障各种教育信息化应用落到实处、取得实效的前提。《教育信息化规划》相关措施进行了系统的阐述。一是加强培训，更新观念。通过开展管理人员教育技术能力培训和教育信息化领导力培训，增强各级教育行政部门、专业机构和学校管理者的信息化意识，提升其信息化规划能力、管理能力和执行能力。二是纳入考核，推动执行。完善信息化管理工作的业务规范和考评机制，将相关单位和机构的信息化建设效果、信息化发展水平作为评估管理者的信息化领导力的重要依据，将信息化领导力列入到各级各类教育管理者的考核内容。《教育信息化规划》提出了2020年的信息化领导力的建设目标是，全国各级各类教育管理人员达到教育技术能力相应标准。

四、优化信息化人才培养体系

我国各级各类学校已经把信息技术教育作为重要的教学内容，列入课程并开展教学。在基础教育阶段，几乎所有的高中、80%以上的初中（其中：城市初中为95%以上，农村初中为60%左右）以及20%左右的小学已经开设了信息技术课程作为必修课。职业教育中，面向全体学生普及了《中等职业学校计算机应用基础》必修课程，2007年中等职业学校信息技术专业在校生达到400

万人。但是，现代信息技术的教育技术学科建设较为滞后，可以服务于教育信息化事业的人才仍然较为缺乏。进一步推广教育信息化工作，需要一大批既具备现代信息技术背景，又了解教育教学方法的复合型人才。因此，优化信息化人才培养体系，是推进教育信息化工作的重要人力资源保障。

《教育信息化规划》对优化信息化人才培养体系的措施进行了系统的阐述。一是开展教育信息化学科建设。目前我国学科体系里面，教学技术相关学科的发展规模还较小，应优化教育信息化相关学科的本科生、研究生的培养计划和课程设置，支持相关专业发展。课程体系要与时俱进，需要增加信息技术与教育的融合发展的教学内容。二是出台相关政策，培养相关人才。建立教育信息化的实训基地，通过项目教学、案例教学等形式解决教学各环节可能面临的问题，培养学生利用信息技术改造和提升现有教学方式的能力。鼓励高校信息化相关学科毕业生到基层单位和学校从事教育信息化工作，充实教育信息化人才队伍。

第十一章　创新体制机制，实现教育信息化可持续发展

【原文】

科学、规范的体制机制是实现教育信息化可持续发展的根本保障。通过体制改革确立教育信息化工作的重要地位，通过机制创新调动社会各方面力量参与教育信息化建设的积极性，多方协同推进教育信息化，促进教育信息化建设与应用的持续健康发展。

创新优质数字教育资源共建共享机制。按照政府引导、多方参与、共建共享的原则，制定数字教育资源建设与共享的基本标准，建立数字教育资源评价与审查制度；政府资助引领性资源的开发和应用推广，购买基础性优质数字教育资源提供公益性服务；支持校际间网络课程互选及资源共建共享活动；鼓励企业和其他社会力量投入数字教育资源建设、提供个性化服务；创建用户按需购买产品和服务的机制，形成人人参与建设、不断推陈出新的优质数字教育资源共建共享局面。

建立教育信息化技术创新和战略研究机制。将教育信息化技术及装备研发与应用纳入国家科技创新体系，建成一批国家级、省部级教育信息化技术创新、产品中试及推广基地，推动技术创新和成果转化、应用；设立教育信息化科研专项，深入研究解决我国教育信息化发展领域的重大问题和核心共性技术。建立一批教育信息化战略研究机构，为教育信息化发展战略制定、政策制定和建设实施提供咨询与参考。

建立教育信息化产业发展机制。积极吸引企业参与教育信息化建设，引导产学研用结合，推动企业技术创新，促进形成一批支持教育信息化健康发展、具有市场竞争力的骨干企业；营造开放灵活的合作环境，推动校企之间、区域之间、企业之间广泛合作。

推动教育信息化国际交流与合作。加强国际交流，参与教育信息化相关国际组织活动，参与国际标准制定，学习借鉴国外先进理念，学习引进国外优质数字教育资源和先进技术，缩小与国际先进水平的差距；利用信息化手段加强各级各类教育机构和学校在人才培养、科学研究等方面的国际合作。

改革教育信息化管理体制，建立健全教育信息化管理与服务体系。在各级

教育行政部门和各级各类学校明确信息化发展任务与管理职责，改革调整现行管理体制，完善技术支持服务体系，建立与教育信息化发展需要相适应的统筹有力、权责明确的教育信息化管理体制和高效实用的运行机制。

【文字解读】

教育信息化是一项复杂的系统工程，涉及各级各类教育的各个层面，包括基础设施建设、资源开发、应用开展、标准化、技术研发、人才培养、国际合作等多方面工作，需要组织协调各级政府相关部门、各级各类学校、企事业单位、社会团体等多方面力量。经过十多年的发展，我国教育信息化建设虽然取得了显著成就，但在管理体制、运行机制、建设模式、发展道路等重大方面缺乏深入研究和持续探索，保障科学发展的政策环境和体制机制尚未形成，权责不清、各行其是、重复建设等现象普遍存在。缺乏有效的教育信息化管理体制与运行机制是造成资源无法充分共享、应用水平难以提高的根本原因。要保障教育信息化的可持续发展，必须在体制改革和机制创新方面下大功夫。

《教育信息化规划》指出，科学、规范的体制机制是实现教育信息化可持续发展的根本保障，并且提出了五项具体的发展任务，包括四项机制创新和一项体制改革。通过管理体制的改革确立教育信息化工作的重要地位，建立健全教育信息化领导、管理与服务机构，形成权责明确、统筹有力、确能有效促进信息化与教育融合发展的全国教育信息化组织管理体系。通过机制创新调动社会和国内外各方力量积极参与、协同推进教育信息化，具体包括优质数字教育资源共建共享、教育信息化技术创新和战略研究、教育信息化产业发展、教育信息化国际交流与合作四个方面。需要指出的是，教育信息化是科教结合的标志性领域，改革和创新永无止境。在推进具体工作的同时，还应继续站在战略的高度和发展的全局、从实际情况和需求出发，不断研究、探索和推进体制改革和机制创新，保障教育信息化事业深入健康发展。

一、创新优质数字教育资源共建共享机制

在今后一段时期内，我国教育信息资源总体缺乏，特别是优质资源匮乏的现象将持续存在。仅仅依靠教育战线的建设和投入，难以从根本上扭转我国数字教育资源匮乏的格局，必须从机制创新入手，引入社会各界的力量，通过共建共享的方式，建设面向人人、面向终身学习的丰富的数字教育资源体系。

优质数字教育资源共建共享机制的创新应坚持政府引导、多方参与、共建共享的原则。一是加强数字教育资源的标准化、规范化工作。制定数字教育资源建设与共享的标准，降低资源整合与共享的难度，建立数字教育资源评价与审查制度，鼓励数字教育资源的开放与共享。二是加强教育资源政府采购制度建设。政府资助引领性资源的开发和应用推广，购买基础性优质数字教育资源提供公益性服务。加大对特色教育资源建设、国产软件的扶持力度，推广具有自主知识产权、易学好用、高效多能的平台工具型教育软件。三是加强教育战线内部各机构之间的教学资源、教育信息资源的共享。建设面向各级各类教学资源的共享平台，支持校际间网络课程互选及资源共建共享活动。四是引导和鼓励社会力量参与数字教育资源的建设。在推广教育资源标准化的基础上，鼓励企业和其他社会力量投入数字教育资源建设，尤其是目前较为薄弱的不同类型、不同地区的特色职业教育资源、符合新课标的基础教育课程资源等。五是完善数字教育资源的共享和交易环境。创建用户按需购买产品和服务的信息资源共享机制，培育教育资源和服务的市场机制，调动社会力量参与数字教育资源的建设。利用市场手段鼓励企业参与制作高质量的教育资源。发挥每个学习者学习和创新的积极性，使他们既是资源的消费者，也是资源的建设者，鼓励生成性资源的建设，形成人人参与建设、不断推陈出新的优质数字教育资源共建共享局面。

二、建立教育信息化技术创新和战略研究机制

信息技术的发展日新月异，各种新的教育信息技术、系统和应用模式层出不穷。为了保证我国教育信息化事业的可持续发展，必须建立从事教育信息技术创新和教育信息化战略研究的研究机构，提升我国教育信息化装备和系统的科技水平，保证我国教育信息化工作的技术先进性和决策科学性。

《教育信息化规划》在建立教育信息化技术创新和战略研究机制方面，提出了多项具体的措施。一是确立发展教育信息技术在国家科技创新体系中的地位。通过建设一批国家级、省部级教育信息化技术创新、产品中试及推广基地，推动教育信息化技术及装备的研发，推动技术创新和成果转化、应用。二是加大对教育信息技术领域的研究和投入。设立教育信息化科研专项，对我国教育信息化发展领域的重大问题和核心共性技术的研究进行资助，解决各级各类教育信息化中的实际技术问题，掌握一批前瞻性的核心关键技术，提升我国教育信息化装备和系统的科技水平。三是加大对于教育信息化宏观战略的研究和投入。建立一批教育信息化战略研究机构，跟踪国际上教育信息化较为先进的国家的政策经验，分析我国各级各类教育信息化中的成功案例和经验教训，为教育信息化发展战略制定、政策制定和建设实施提供咨询与参考。

三、建立教育信息化产业发展机制

目前我国的教育信息化产业已经初具规模，教育软件研发与营销已成为我国软件产业的重要组成部分。据有关部门统计，目前在国内教育软件市场中从事开发的厂商已超过200家，相关产品超过3 000种。2007年，我国教育软件销售额已占软件销售额的三分之一，而在京沪等大城市，这一比例已超过50%。另外一方面，家用电脑的普及和家庭教育消费的增长，使中国教育信息化产业的发展前景十分广阔。但需要指出的是，我国教育信息化产业的发展总体上较为缓慢，面临诸多问题。在软件类型上，多数厂商集中于开发学校信息化的管理和服务性软件，学科相关的教育软件缺乏，没有达到帮助学校探索新型教育教学模式的目的。在教育软件设计与开发上，跟不上教育改革的步伐，研究力量薄弱；低水平重复，同质化严重，产品大同小异；教育软件与其他形式的教育产品整合不够；标准缺失，导致各教育软件提供商相互之间设置技术壁垒，无法实现产品的模块化和通用化。

《教育信息化规划》在教育信息化产业发展机制方面，提出了多项具体的措施。一是吸引企业参与教育信息化建设。通过产学研用结合的机制，促进先进的教育信息化成果在企业产品中的应用和普及，推动企业技术创新。扶植有前途的学科教育软件研发和市场化建设，有计划地组织和引导学科教学精品软件的开发，启动专门的推广和应用活动，培育民族教育信息化领军企业。二是加强协作开发的环境建设，营造开放灵活的合作环境。改善教育信息化采购的决策机制，广泛收集作为最终用户的学校、教师和学生的反馈意见。改进教育技术产品的试用、鉴定以及宣传推广办法，规范教育市场，保护知识产权，鼓励企业之间的资源共享和协作。通过公共技术服务平台，推动校企之间、区域之间、企业之间的广泛合作。

四、推动教育信息化国际交流与合作

在全球化时代，教育信息化发展既要引进吸收国外先进技术，更要加强自主创新，积极参与国际交流与竞争。教育信息化的国际交流与合作，是提升我国教育信息化水平的重要途径。在借鉴和学习教育信息化先进国家经验的同时，一方面可以结合我国的具体国情，研究解决我国教育信息化实际问题的关键技术和系统；另一方面更可以培育教育信息化领域的国际化人才，增强我国在教育信息化领域的国际影响力，支撑中华民族优秀传统文化的国际传播。

《教育信息化规划》在教育信息化国际交流与合作方面，提出了多项具体措施。一是加强国际交流。跟踪世界教育信息化发展动向，建立和完善教育信息化国际交流合作与社会机构参与机制。坚持平等合作、互利共赢的原则，积极参与国际多边组织，大力促进双边合作。学习国外优质数字教育资源和先进技术，在引进消化吸收的基础上，结合我国的具体实际部署应用，探索应用创新、集成创新。二是利用信息化手段加强和促进各级各类教育机构和学校的国际合作。利用各级各类信息化教学支撑平台，为国际化教学提供便利，增加教育信息化国际教育覆盖学生人数，提高院校课程国际交流过程中的学习质量。利用科研业务服务平台，拓展国际合作科研的领域和范围，加强国内外院校在教学和科研国际合作的深度和广度。

五、改革教育信息化管理体制，建立健全教育信息化管理与服务体系

虽然在各级教育行政部门的领导下，教育信息化已经有长足的发展。但是面临信息化建设的新挑战，过去的教育行政部门和学校的管理体制呈现出不相适应的现象。突出表现为，教育信息化建设工作的归口管理职责不清、条块分割。信息化工作既涉及公共教育基础网络设施，也涉及各教育管理职能部门；信息化建设既涉及管理部门对项目的确立与启动，也涉及技术支撑部门对后期运营的维护。教育信息化牵涉面广，绩效评估难，在过去的管理体制下难以获得有效的统筹协调和统一管理。

《教育信息化规划》明确提出要进行教育信息化管理体制的改革，建立健全教育信息化的管理与服务体系。首先，建立统筹有力的教育信息化的管理体制。明确各级教育行政部门和各级各类学校的信息化发展任务与管理职责；由教育部相关部门牵头建立教育信息化有关的管理制度，协调和规范教育信息化经费使用；各级各类教育机构要成立相应的教育信息化归口管理或者负责部门，因地制宜地落实国家的教育信息化发展战略。其次，建立高效实用的教育

信息化服务体系。积极整合现有的教育信息化相关单位和机构，建立国家、省、市、区县、乡镇教育信息化服务网络，完善各级教育信息化的技术支持服务体系，保障相应的教育信息基础设施的运行和维护。

第八章

“第三部分　行动计划”解读

【原文】

为实现国家教育信息化规划目标，完成发展任务，着重解决国家教育信息化全局性、基础性、领域共性重大问题，实施“中国数字教育 2020”行动计划，在优质资源共享、学校信息化、教育管理信息化、可持续发展能力与信息化基础能力五个方面，实施一批重点项目，取得实质性重要进展。2012—2015年，初步解决教育信息化发展中的重大问题，基本形成与国家教育现代化发展目标相适应的教育信息化体系；2016—2020 年，根据行动计划建设进展、教育改革发展实际需求和教育信息化自身发展状况，确定各行动的建设重点与阶段目标。

【文字解读】

为实现规划目标、完成发展任务，国家拟在近期启动、未来五年组织实施的重大项目，总称为“中国数字教育 2020”行动计划。《教育信息化规划》的第三部分“行动计划”概括了这些教育信息化重大项目的建设内容，是对《教育信息化规划》的第二部分所提出的各项发展任务在近期的具体行动落实。行动计划重在解决教育信息化的全局性、基础性和共性问题，以国家项目形式立项，需要各级政府、相关部门、各级各类学校密切合作、共同推进。行动计划的内容涉及优质资源共享、学校信息化、教育管理信息化、可持续发展能力与信息化基础能力五个方面的建设内容。

2012—2015 年是“中国数字教育 2020”行动计划的第一阶段，目标是加大投入，基本解决教育信息化发展中的重大问题，基本形成与国家教育现代化发展目标相适应的教育信息化体系；后续五章所描述的五项行动计划内容也都是以描述这一阶段建设内容为主，兼顾后一阶段发展需求的；2016—2020 年是行动计划的第二阶段，主要目标是巩固和提高，需要根据行动计划第一阶段的建设进展，确定第二阶段的建设重点与阶段目标。

第十二章 优质数字教育资源建设与共享行动

【原文】

实施优质数字教育资源建设与共享是推进教育信息化的基础工程和关键环节。到2015年，基本建成以网络资源为核心的教育资源与公共服务体系，为学习者可享有优质数字教育资源提供方便快捷服务。

建设国家数字教育资源公共服务平台。建设教育云资源平台，汇聚百家企事业单位、万名师生开发的优秀资源。建设千个网上优质教育资源应用交流和教研社区，生成特色鲜明、内容丰富、风格多样的优质资源。提供公平竞争、规范交易的系统环境，帮助所有师生和社会公众方便选择并获取优质资源和服务，实现优质资源共享和持续发展。

建设各级各类优质数字教育资源。针对学前教育、义务教育、高中教育、职业教育、高等教育、继续教育、民族教育和特殊教育的不同需求，建设20 000门优质网络课程及其资源，遴选和开发500个学科工具、应用平台和1 500套虚拟仿真实训实验系统。整合师生需要的生成性资源，建成与各学科门类相配套、动态更新的数字教育资源体系。建设规范汉字和普通话及方言识别系统，集成各民族语言文字标准字库和语音库。

建立数字教育资源共建共享机制。制定数字教育资源技术与使用基本标准，制定资源审查与评价指标体系，建立使用者网上评价和专家审查相结合的资源评价机制；采用引导性投入，支持资源的开发和应用推广；制定政府购买优质数字教育资源与服务的相关政策，支持使用者按需购买资源与服务，鼓励企业和其他社会力量开发数字教育资源、提供资源服务。建立起政府引导、多方参与的资源共建共享机制。

【文字解读】

近十余年来，政府不断加大教育资源建设的投入，采取多种形式鼓励企事业单位开发教育资源，促进教育资源的开放与共享。我国数字教育资源整体上实现了从无到有的转变：初步建成了国家基础教育资源库，开发了大量面向义务教育阶段教育教学的数字资源；建设了以3 000多门精品课程为主的高等教育资源库；开通了国家职业教育资源库；建成国家教师教育课程资源库和全国教师教育网络联盟资源网。但是，总体上优质资源短缺的局面没有根本改变。

为适应教育现代化发展的需要，必须启动“优质数字教育资源建设与共享行动”。该行动是推进我国教育信息化全局发展的基础工程和关键环节。到2015年的阶段目标任务是：基本建成以网络资源为核心的教育资源与公共服务体系，为学习者可享有优质数字教育资源提供方便快捷服务。

一、建设国家数字教育资源公共服务平台

首先，在国家教育云基础平台的基础上，建设教育云资源平台。按照“统一规划、分层建设”的原则，开发国家数字教育资源公共服务平台。实现国家、地方相互协同，共同提供资源汇聚、资源评价、资源发布、资源搜索、资源传输、应用数据统计、资源交易和安全保障等服务。汇聚国家、地方教育部门和社会各方面力量共同建设数字教育资源，鼓励出版单位、图书馆、博物馆、资源开发企业等百家以上的企事业单位参与资源的建设，鼓励各级各类学校的万名以上的教师和学生参与资源的使用与评价。建设千个以上面向数字教育资源应用和交流的教研社区，帮助学生开展自主学习活动，帮助教师开展协作教研活动。

其次，基于政府引导、多方参与的原则，构建开放灵活、公平竞争、交易规范的资源服务机制和综合性信息化服务环境。形成以公益性服务为主导、市场化服务为补充、多种服务方式并存的资源共享机制。基于教育云资源平台，面向全国各地教师和学生提供教育资源应用服务，帮助每个学习者和教学者方便获取优质的数字教育资源和服务。

二、建设各级各类优质数字教育资源

首先，面向针对学前教育、义务教育、高中教育、职业教育、高等教育、继续教育、民族教育和特殊教育的不同需求，开发、完善各学科教学需要的优质数字教育资源。按照国家相关课程标准的要求，建设20 000门优质网络课程及其资源，提高数字教学资源的情境性、体验性、互动性、生成性，形成基于知识点体系的、便于共享的优质数字教育资源。结合各学科的教学特点，遴选和开发500个学科工具、应用平台，有效支撑探究式、启发式等新的教学方式的探索。面向职业教育岗位实训的需求，开发1 500套虚拟仿真实训实验系统，提高实践教学的质量。针对少数民族地区教育的需求，开发少数民族语言文化资源和汉语学习资源，建设规范汉字和普通话及方言识别系统，集成各民族语言文字标准字库和语音库，完善各民族语言的数字教育资源。

其次，发挥每个学习者学习和创新的积极性，鼓励教师和学生参与资源的建设。通过对网络教育资源的实时使用和批注实现对教育资源的持续更新，使学生既是资源的消费者，也成为资源的建设者。通过资源的动态更新，逐步筛选出受到广泛支持的优质数字教育资源。

三、建立数字教育资源共建共享机制

首先，完善教育资源相关标准与评价体系。制定数字教育资源技术与使用的标准，建立市场准入制度，引导教育信息化标准体系的应用和推广。制定资源审查和评价指标体系，完善资源审查机制，对数字教育资源实施科学性审查和质量认证制度，建立使用者网上评价和专家审查相结合的资源评价机制。

其次，建立教育资源引导性投入的机制。制订资源建设规划，确定各级各类教育资源开发的内容及支持重点。政府进行引导性投入，支持重点建设资源的开发与应用推广。保护知识产权，鼓励企业积极投入教育资源建设，通过重点投入、示范引领等措施引导企业参与特定地区、学校、学科的教育资源建设。

最后，建立政府引导的资源共建共享环境。制定政府购买优质数字教育资源与服务的相关政策，加强对公益性基础性数字教育资源的推广。建立公开、公正、公平的资源交易环境，以政府采购与学校、个人采购产品及服务相结合的方式，推动优质教育资源的开发与应用。帮助资源使用者和资源提供者便捷地进行资源交易，支持使用者按需购买资源与服务。鼓励企业和其他社会力量开发数字教育资源、提供资源服务。汇聚各方力量，推动教育资源服务产业有序发展。

第十三章 学校信息化能力建设与提升行动

【原文】

学校信息化能力建设是国家教育信息化的主阵地。加强各级各类学校信息基础设施与能力建设，创建教育信息化环境是国家教育信息化工作的重要任务。重点支持中西部地区、边远地区、贫困地区的学校信息基础设施建设。大力推进教育信息化应用创新与改革试点，探索教育理念与模式创新，推动教育与信息技术的深度融合，探索教育信息化可持续发展机制。

中小学校和中等职业学校标准化建设。制定中小学校和中等职业学校数字校园建设基本标准。采用政府推动、示范引领、重点支持、分步实施的方式，推动中小学校、幼儿园、中等职业学校实现基础设施、教学资源、软件工具、应用能力等信息化建设与应用水平全面提升。利用网络技术，实现丰富的教学资源和智力资源的共享与传播，使每所学校实现教育教学、教育管理和服务信息化，促进教育公平，提高教育质量和效益。

高校数字校园建设。大力推进普通高校数字校园建设，普及建设高速校园网络及各种数字化教学装备，建设职业教育虚拟仿真实训基地。建设完善的信息发布、网络教学、知识共享、管理服务和校园文化生活服务等数字化平台，推进系统整合与数据共享。持续推进并优化高校精品开放课程建设，促进科研成果转化为优质数字教育资源，实现科研与教学的互动和对接，积极开展基于项目的学习，推动教学内容和教学方法改革，促进人才培养模式创新。构建高校科研协作与知识共享环境，推动高校科研组织模式和方法创新。

教育信息化创新与改革试点。以促进教育公平为重点，提高教育质量为核心，选择不同经济社会和教育发展水平的区域、不同类型和层次的学校，开展教育信息化建设与应用试点，建设一批教育信息化创新与改革试点校及一批教育信息化创新与改革试验区，探索信息化对教育改革和发展产生革命性影响的新思路、新方法与新机制。鼓励企业和社会力量参与试点工作。

【文字解读】

学校信息化是国家教育信息化建设的主阵地，教育信息化建设的成果最终都要体现到学校的日常业务中。经过十年左右的信息化建设，各级各类学校的信息化基础设施有了一定发展，但总体上还比较落后，多媒体教学设施未能在所有课堂普及，每百名学生拥有的计算机数较低。农村以及经济不发达地区学校信息设施薄弱，应用整体水平不高，而且前期建设的大量信息化基础设施基本已经完成了其使用周期，需要通过后续持续投入更新换代，保证学校信息化建设基础设施水平。

学校信息化能力建设与提升，不是一个单纯的基础设施的概念，而是一个能力体系的概念，强调总体协调运行的体系，而非单一要素。它不仅包括硬件基础设施，还包括应用软件系统、数字教育资源、管理信息系统、人才队伍、保障制度等。

新的十年核心追求是要真正使信息技术进入教育的关键业务并发挥不可替代的作用，为此，教育信息化建设就需要从“以硬件为中心”引领的思路转变到“以解决实际问题应用和促进人的发展为核心”引领的思路，要抛弃以前的“建网、建库、建队”等以建设为中心的思路，转变为以“能力提升、服务提升”为核心，要从设备供给到基于信息技术环境的服务供给。“以硬件为中心”引领的思路是首先建设硬软件，然后为了推动硬软件的使用，再配套资源，开展培训、调整制度、开展服务等；“以应用为核心”引领的思路则是先调研实践应用以及人的发展需求，围绕需求问题的解决，规划相关硬件、软件、资源、培训、制度调整和服务等，它坚持以人为本，坚持以教师和学生的和谐发展为价值取向，形成实际问题解决的能力体系。“学校信息化能力建设与提升行动”包括两个层次。第一个层次是开展普遍性的达标建设，整体提升全国所有学校的信息化水平，重点支持中西部地区、边远地区、贫困地区的学校信息基础设施建设。第二个层次是开展试点示范建设，在部分地区、部分学校开展教育信息化应用创新与改革试点工作，探索教育理念和模式的创新，探索学校信息化的新思路与新方法，引领未来教育信息化的发展。

一、中小学校和中等职业学校标准化建设

首先，要从能力体系的角度，制定中小学校和中等职业学校数字校园建设规范，开展中小学校和中等职业学校数字校园的达标建设。采用政府推动、重点支持、社会参与等方式，推动所有学校数字化校园的建设与应用，建设先进、高效、实用的教育信息化环境。提升所有学校在基础设施、教育资源、学

科工具等方面的信息化水平，部署辅助教学、教务管理等信息系统，支持学校教学、管理和服务等方面数字化建设。

其次，推动各级各类优质数字教育资源的共享。利用网络教研、协同授课等应用方式，实现教学资源的共享与传播。帮助教师和学生随时随地获取个性化的学习资源，促进教育公平。支撑启发式、探究式、参与式等教学活动的开展，提高学生的信息素养以及解决问题的能力，提升教育质量。

二、高校数字校园建设

首先，大力推进高校数字校园的基础设施建设，部署各种教育信息化系统。普及建设高速校园网络，鼓励有条件的高校实现校园无线网络全覆盖。推动各种数字化教学装备的普及，建设虚拟实验室、虚拟仿真实训平台等特色信息化设施。开发和应用高校信息发布、网络教学、管理服务、校园文化等支撑信息系统，推动高校内部各信息系统的数据共享和系统整合。

其次，利用信息技术推动教学与科研的结合。鼓励教师利用网上教学平台进行辅助教学，推动教学内容和教学方法改革。继续实施高校精品开放课程、高校大型仪器设备和开放实验室资源共享计划，建立科研数据转换为教学资源的机制。鼓励学生参与科研活动，开展基于项目的学习活动，促进创新型人才的培养。

最后，发挥信息技术优势促进科研组织模式创新。建立科研协作与知识创新信息化支撑平台，提供交流、合作、管理与服务一体化的信息化研究环境，支持跨学科、跨领域的科研与教学相结合团队的协同工作。提高科研人员将信息技术应用到科研领域的能力，通过创新高校科研组织模式，提升高校科学研究整体水平。

三、教育信息化创新与改革试点

面对今后的战略目标和任务，教育信息化并无现成的模式和路径可循，需要采用试点先行的策略，探索并形成中国特色的教育信息化发展道路。试点工作是教育信息化的先导性工作，应选择有代表性的地区、学校先行先试，为全面加快教育信息化进程提供有益的经验。教育信息化建设与应用试点的选择，要覆盖不同经济社会和教育发展水平的区域、不同类型和层次的学校，试点校不一定是“先进校”，但应该是“典型校”，试点的成果要能够解决教育某一方面的实际问题，要有可推广性。要以应用为导向来开展信息化试点工作，切实推进信息技术在教学、科研、管理等方面的深入应用。信息化试点工作要处理好硬件建设、资源建设和能力建设之间，现实需要和未来发展之间，技术与教育之间，适度超前和因地制宜之间的关系。信息化试点的目标是探索教育思想变革与教学组织形态创新，探索教育信息化可持续发展机制。在分批建设教育信息化创新与改革试点校以及教育信息化创新与改革试验区的过程中，鼓励企业和社会力量参与试点工作。

第十四章 国家教育管理信息系统建设行动

【原文】

建设国家教育管理信息系统是支撑教育管理现代化的基础工程。为各级教育行政部门和各级各类学校提供教育管理基础数据和管理决策平台，为公众提供公共教育信息和教育管理公共服务平台。

建立国家级教育管理基础数据库和信息系统。建设国家教育基础数据库和国家级教育管理信息系统，实现对教育质量、招生考试、学生流动、资源配置和毕业生就业等状况的有效监管，提供教育考试评价服务。建设网络信息安全与运行维护保障体系。

推动地方政府建立教育管理基础数据库和信息系统。开展省级教育管理基础数据库和管理信息系统建设，建设网络信息安全与运行维护保障体系，并实现与国家级系统的有机衔接。推动省级教育行政部门建设云教育管理服务平台，基于云服务模式，为本地区相关教育机构和各级各类学校提供管理信息系统等业务应用服务。

推动学校管理信息系统建设与应用。制定学校管理信息化标准与要求，通过分类指导、示范引领推动各级各类学校管理信息化建设。推动基础教育和中等职业教育学校基于云服务的信息化管理，建立高校管理信息系统开源软件库，带动学校管理信息化水平的整体提升。推动电子学籍建设，完善学生综合素质评价。

实现系统整合与数据共享。建立教育管理信息标准与编码规范，建立数据采集、交换共享、管理与应用的技术平台与工作机制，建立教育管理信息安全保障体系，衔接各级各类教育管理信息系统与基础数据库，实现系统互联与数据互通，建设纵向贯通、横向关联的教育管理信息化体系。

【文字解读】

管理信息化是实现各级各类教育管理现代化的重要保证。我国的教育管理信息化工作总体发展较快。现已建立一批以教育部办公厅为枢纽的国家级教育管理信息系统，初步实现了与省、自治区、直辖市教育行政部门和部属高等院校的政务信息联网交换。陆续开展了网上合作研究、网上招生录取、网上就业服务、网上学历认证等应用服务。但是，由于前期各地各学校管理信息系统分散建设，"信息孤岛"现象严重，未能实现各管理信息系统的数据互通和业务整合，管理信息化对国家教育管理的数据统计、科学决策的支持作用未能凸显。

国家教育管理信息系统是支撑教育管理现代化的重要基础设施，对于推动教育管理体制改革、健全教育管理体制、转变教育行政部门管理职能具有重要意义和重大推动作用。"国家教育管理信息系统建设行动"将建立覆盖各级教育行政部门和各级各类的教育管理基础数据库，实现数据一致和互联互通；建设与各教育管理机构业务配套的管理信息系统和公共服务信息平台，形成比较完善的教育电子政务（含电子校务）体系，全面提高教育管理水平和公共服务能力。

一、建立国家级教育管理基础数据库和信息系统

首先，建设国家级的教育数据库和教育管理信息系统。建设国家教育管理基础信息数据库和教育部数据中心，有效采集并存储各级各类教育的学校、学生和教师等对象和业务的基础信息。建设国家级教育管理信息系统，以基础信息数据库为基础实现对全国教育发展情况的动态监测，提高招生考试、学生流动、资源配置、毕业就业等环节数据的准确性并以此提高相关业务的执行效率。

其次，建立国家级的网络信息安全与运维保障体系。按照国家信息安全等级保护标准的要求，制定相应的信息安全和运维规范。部署病毒防范、入侵监测、断电保护等网络安全相关的软硬件设施及装备，建立稳定可靠的专业技术人员队伍，完善安全管理体系。通过监测、评估、测评等方式建立立体化信息化安全措施，确保教育管理系统的数据安全、教育教学和服务的信息安全，提高对于突发情况的应急响应速度。

二、推动地方政府建立教育管理基础数据库和信息系统

首先，建设省级教育管理基础信息数据库、数据中心。根据国家教育基础数据库的建设要求，采集地区教育基础数据，建设地区教育管理数据库，及时有效获取各级各类教育的学校、学生和教师等对象和业务的基础信息。建立网络信息安全与运维保障体系，参考国家教育管理信息安全与维护保障的相关规范，完善相关基础设施和装备，建立稳定的人员队伍，实现与国家级系统的有机衔接。

其次，推广基于云服务模式的教育管理应用服务。各地区应整合现有信息系统的资源，积极支持国家教育云基础平台的建设，支持教育云资源平台和教育云管理平台的有效运行。基本思路是以省市教育管理数据中心为基础，基于云服务模式，向本地区的教育管理机构和学校提供基本的管理信息系统以及其他教育应用，提升基础薄弱学校的信息化管理水平。对已有的或自己开发的管理信息系统，建立数据交换标准和平台，实现数据交换。

三、推动学校管理信息系统建设与应用

首先，完善学校管理信息化的建设标准，制定相关推进政策。制定各级各类学校管理信息化的标准与规范，通过分类指导、示范引领的机制，推动各级各类学校管理信息化建设。基础较好的学校可以在教育管理组织与流程创新方面开展试点与尝试，基础较薄弱的学校可以在基于云服务模式获取教育管理应用方面开展试点与尝试。

其次，针对不同类型教育的信息化条件现状，有针对性的开展学校管理信息化工作。基础教育和中等职业教育学校的专业技术维护人员较少，可推动基于云服务的电子校务管理，普及教育管理数字化；高校的科研实力和人员队伍较强，可建立高校管理信息系统开源软件库，鼓励根据自身校务流程需求进行改造升级，带动高校管理信息化水平的整体提升；在所有学校普及学生学籍相关数据的标准化，推动电子学籍建设，完善学生综合素质评价体系的建立。

四、实现系统整合与数据共享

采取多种措施确保分散于全国各地的教育管理信息系统的有效整合。首先要建立教育管理信息标准与编码规范，建立统一的数据管理与共享规范，完善数据采集、更新、管理机制。连接各级各类教育管理信息系统与基础信息数据库，建立相关的技术平台和工作机制，确保数据的权威性、及时性与有效性。其次，制定教育管理信息化的信息安全和运维规范，建立国家、省、市等多层次的教育管理信息安全保障体系，加强信息安全相关设施装备的软硬件建设，建立稳定有效的人员队伍。最后，实现各级教育管理系统的整合与数据互通，实现国家教育部、省市教育部门、各学校之间管理信息系统的纵向贯通，实现各教育单位或部门内部各子系统之间的横向关联。

第十五章　教育信息化可持续发展能力建设行动

【原文】

推进可持续发展能力建设是教育信息化科学发展的关键举措。提升教育技术能力，推广应用教育信息化标准，建立教育信息化技术支持和战略研究体系，培养教育信息化后备人才，促进教育信息化的快速、可持续发展。

实施教育技术能力培训。制定和完善教师教育技术能力标准，开发面向各级各类教师的教育技术培训系列教材和在线课程，实行学科教师、管理人员和技术人员的教育技术培训。制定信息化环境下的学生学习能力标准，开发信息化环境下的学生学习能力培养相关课程。建设教育技术能力在线培训平台和网上学习指导交流社区。到2015年，建立12个国家级培训基地，健全32个省级培训基地，形成以基地为中心，辐射全国范围的教育技术能力培训体系；中小学教师和技术人员基本完成初级培训，30%的中小学教师完成中级培训，50%的管理人员完成初级培训。

推广应用教育信息化标准。完善和发展教育信息化技术类和管理类标准、信息化环境设备配置规范、教育信息化发展水平的评估类指标等系列标准规范。建设教育信息化标准测试与认证机构，加大标准推广应用力度。到2015年，形成初步完备的教育信息化标准规范体系，设立标准咨询培训、测试认证和推广应用服务机构。

建立教育信息化技术支持和战略研究体系。建设若干教育信息化技术与装备研究和成果转化基地。开展新技术教育应用的试验研究，开发拥有自主知识产权的教育信息化关键技术与装备。探索信息技术与教育教学深度融合的规律，深入研究信息化环境下的教学模式。通过信息化试验区与试点校的集成创新，提供系统解决方案，促进信息技术、装备与教育的融合。建设教育信息化战略研究机构，跟踪、分析国内外教育信息化发展现状与趋势，评估教育信息化进展，提出发展战略与政策建议，为教育信息化决策提供咨询与参考。到2015年，形成完整的教育信息化研究支持体系。

增强教育信息化后备人才培养能力。开发能有效支持师范生教育技术实践能力培养的信息技术和教育技术公共课。建设一批学科优势明显、课程体系完善、与实践领域对接的教育信息化专门人才培养基地。遴选和培养一批能引领教育信息化发展的研究与实践人才。

【文字解读】

教育信息化的可持续发展能力建设是保证我国教育信息化持续、健康、科学发展的关键举措。"教育信息化可持续发展能力建设行动"包括师生教育技术能力、教育信息化标准、教育信息化研究和运维支撑体系、教育信息化后备人才培养等诸多方面。实施各级各类教师教育技术能力培训，是提高教学水平和教学质量的重要手段；推广应用教育信息化标准，是对今后全国性教育信息化建设和应用进行指导和规范的前提；建立教育信息化技术支持和战略研究体系，能为今后各种教育信息化应用提供技术支撑和可持续发展动力；建设教育信息化后备人才基地，可以造就一批引领教育信息化发展的研究和实践人才。

一、实施教育技术能力培训

在教师培训方面，实施学科教师教育技术能力培训与评测，并纳入教师资格认证考核体系。适应信息技术变革和教育改革和发展的要求，开发面向各级各类教师的教育技术培训系列教材和在线课程，提高教师应用信息技术解决学科教学问题的水平。在管理人员培训方面，开展管理人员教育技术能力培训，提升学校管理者的信息化管理能力、信息化规划能力、教育信息化应用能力。在技术人员培训方面，建立面向教育信息化技术支撑与服务人员队伍的培训机制，采取实训等手段提高信息技术应用和运维能力和水平，加快实现持证上岗。制定学生信息化学习能力标准，把学生信息素养水平、运用学科专用工具与方法的能力、有效学习能力等作为检验教师教育技术能力、评价学校信息化应用水平的依据。到 2015 年，中小学教师和技术人员基本完成初级培训，30％的中小学教师完成中级培训，50％的管理人员完成初级培训。

形成以基地为辐射源的各级培训骨干和远程辅导教师团队。建立网上学习指导交流社区，促进短期培训与长期应用和能力提升相衔接。提高远程学习平台的互动性和生成性，增强平台的交流和管理功能，对培训过程实施质量监测和动态评价，以满足发展高质量远程培训的实际需要。到 2015 年，建立 12 个国家级培训基地，健全 32 个省级培训基地，基本实现每省有基地，形成层次清晰、结构合理、体系完整、辐射全国的教育技术能力培训体系。

二、推广应用教育信息化标准

持续推进教育信息化标准规范体系建设，实现教育信息化标准研制和推广应用工作的统筹规划、集中管理。以现有教育信息化系列标准为基础，发展和完善教育信息化技术类和管理类标准、信息化环境设备类配置规范、教育信息化发展水平的评估类指标等系列标准规范，形成符合我国实际情况、结构完备、内容合理的教育信息化标准规范体系。大力推进标准应用示范，开发标准化应用示范软件，建立有效的标准评价测试体系，为资源共享和信息互通提供支持。加强教育技术标准认证与检测机构建设，开展标准符合性权威认证。广泛吸收行业协会、企业机构参与标准建设和应用，加强对教育信息化标准、规范的宣传、咨询、指导与评估。到2015年，形成初步完备的教育信息化标准规范体系，设立标准咨询培训、测试认证和推广应用服务机构。

三、建立教育信息化技术支持和战略研究体系

建设教育信息化技术与装备研究和成果转化基地。积极开展教育信息化技术与装备研发，广泛开展新技术教育应用的试验研究。跟踪了解普适计算、虚拟现实、人工智能、云计算、物联网、移动通信等信息技术领域与教育技术结合的动向，与掌握相关核心技术的机构和厂商开展联合研究。探索信息技术与教育教学深度融合的途径，深入研究信息化环境下的教学模式，开发符合实际需要的拥有自主知识产权的教育信息化技术装备。积极开展与教育信息化试验区与试点校的合作，探索集成创新并提供系统解决方案，促进信息技术、装备与教育的融合。

建设教育信息化战略研究基地，采集、分析国家教育信息化发展测评数据，对比研究国内外发展情况，跟踪领域内最新发展动态，定期发布教育信息化发展战略研究报告；开展国内外教育信息化政策比较研究；为教育信息化发展战略的制定和发展政策的实施提供外部信息咨询、决策过程参考；建设各级各类教育信息化评估模型，建立过程性评估数据库，形成常规化数据调查机制，对教育信息化实施效果开展发展性评估。

到2015年，通过教育技术研究基地和成果转化基地的建设和教育信息化战略研究基地的建设，形成较为完整的教育信息化研究支持体系。

四、增强教育信息化后备人才培养能力

加强教育信息技术学科的建设，进行面向师范生的信息技术和教育技术公

共课程建设，开发数字化教育技术课程资源，注重实践环节教学的培养，采用信息化手段增强相关教育资源的普及、应用和推广。建设一批教育信息化专门人才培养基地，配备较为完善的教育技术课程体系、实践实训环节，积极开展高素质研究型人才和与实践型人才的培养。设立教育信息化人才培养的相关计划，培养一批在面向教育信息化战略研究、技术研发、系统实施、工程管理等方面有专长的专家型人才，造就教育信息化研究与实践的领军人物和专业化支持队伍，为我国教育信息化的创新发展提供持续的人才支持。到 2015 年，建成 30 个左右的国家级教育信息化人才培养基地，基本实现每省有基地，教育信息化后备人才培养体系初步完善，使教育信息化持续发展的支持作用明显提升。

第十六章　教育信息化基础能力建设行动

【原文】

教育宽带网络和教育云基础平台等教育信息化支撑环境的全面覆盖，是实现教育信息化的重要公共基础。采用统一规范、分级管理方式，推进具有先进、安全、绿色特征的公益性信息化基础设施建设，建立公益性信息化基础设施的可持续发展机制。

超前部署教育信息网络。实施中国教育和科研计算机网升级换代。支持IPv6 协议，与 IPv6 互联网和现有 IPv4 互联网实现互联互通。到 2015 年，宽带网络覆盖各级各类学校，中小学接入带宽达到 100 Mbps 以上，边远地区农村中小学接入带宽达到 2 Mbps 以上；高校的接入带宽达到 1 Gbps 以上。

国家教育卫星宽带传输网络建设。实施中国教育卫星宽带传输网络升级换代，建立适应卫星双向应用的基础支撑服务平台。择机发射双向宽带教育卫星，提供 20 Gbps 以上带宽，提供交互学习和培训区域点播、广播服务，同时为偏远地区教育机构提供接入国家教育宽带网络的传输服务。

国家教育云基础平台建设。充分整合和利用各级各类教育机构的信息基础设施，建设覆盖全国、分布合理、开放开源的基础云环境，支撑形成云基础平台、云资源平台和云教育管理服务平台的层级架构。到 2015 年，初步建成国家教育云基础平台，支持教育云资源平台和管理服务平台的有效部署与应用，可同时为 IPv4 和 IPv6 用户提供教育基础云服务。

开放大学信息化支撑平台建设。建成跨网络、跨平台、跨终端的开放大学信息化支撑平台，通过多种渠道建成覆盖全民学习需求的学习资源。实现与各级各类学校和教育机构互联互通，支持开放大学开展社会化服务，构建以开放大学为主体，各级各类学校和教育机构共同参与的终身教育网络。

【文字解读】

教育信息化公共基础设施是开展各级各类教育信息化工作的前提和基础。建设为全国所有教育机构、学校乃至全社会服务的教育信息基础设施，对于全面提升我国教育信息化水平、缩小教育信息化数字鸿沟具有十分重要的意义。

“教育信息化基础能力建设行动”旨在通过启动一批国家级教育信息基础设施的建设项目，提升我国教育信息化的基础能力，为今后开展各项教育信息化活动提供支撑。该行动计划的内容包括教育信息网络、国家教育卫星宽带传输网络、国家教育云基础平台、开放大学信息化支撑平台等建设项目。

一、超前部署教育信息网络

面向今后开展各种教育信息化应用的需求，超前部署宽带教育信息网络。教育信息网络按照统一规范、分级管理的原则建设。建设实施中国教育和科研计算机网升级换代工程，为全国高校和省级教育宽带网络提供主干网接入服务。充分利用公共通信资源，实施区域教育宽带网络（省级及以下各级教育宽带网络）的建设或升级工程，为区域内各级各类学校，特别是中小学提供宽带互联网接入服务。考虑到今后 5—10 年内，基于 IPv6 协议的下一代互联网的普及是大势所趋，且目前已经得到一定范围的实际应用，因此，必须建设和推广全面支持 IPv6 协议，同时又能与现有 IPv4 互联网实现互联互通的教育信息网络。为满足其今后 5—10 年的资源共享、教学应用和管理服务需求，同时也为配合国家即将实施的“宽带中国战略”，为教育信息化各类应用提供基本保障，到 2015 年，必须实现宽带网络覆盖全国各级各类学校，在有条件接入地面网络的学校，使中小学接入带宽达到 100 Mbps 以上，高校接入带宽达到 1 Gbps以上。

二、国家教育卫星宽带传输网络建设

卫星传输网络是为偏远地区学生提供公平教育服务的必要基础设施，限于地理条件等各方面的限制，部分学校不具备接入地面宽带网络的条件，必须通过卫星宽带传输网络，为其输送优质教育资源。“农远工程”的实践也证明，以卫星网络为媒介，能够在较短的时间内快速实现大范围的优质资源共享。因此，在 2011—2015 年，应进一步实施中国教育卫星宽带传输网升级换代，改造和建设双向卫星前端和终端系统，研发和建设基于卫星传输的虚拟互动平台和信息安全保障平台。择机发射第一颗双向宽带教育卫星，提供 20 Gbps 以上带宽，覆盖全国所有地区。建设地面系统运行运营管理平台，与中国教育和科研计算机网高速互联。建立适应宽带教育卫星双向应用的基础支撑服务平台，提供交互学习和培训区域点播、广播服务。为偏远地区教育机构提供接入国家教育宽带网络的传输服务，边远地区农村中小学接入带宽达到 2 Mbps 以上。

三、国家教育云基础平台建设

云计算技术是信息技术发展的新成果，教育云是云计算在教育领域的深度应用，有利于以较低的成本实现教育资源和应用的广泛共享，为“优质资源班班通”、“学习空间人人通”提供有效支持。以“顶层设计、统一标准、开放开源、多网融合、共享计算”为建设原则，建设覆盖全国教育云基础平台。充分整合和利用各级各类教育机构的信息基础设施，设计合理分布、综合高效的拓扑结构。教育云基础平台可以为全国范围的各级各类教育机构提供集约化的公共存储、公共计算、信息安全等基础服务。通过教育云基础平台实现教育资源对信息化基础薄弱和欠发达地区基层教育机构的全面覆盖。在国家教育云基础平台的基础上构建教育云资源平台和管理服务平台。通过教育云资源平台，构建网上优质教育资源应用交流平台和教研社区，促进优质数字教育资源的共享。通过教育云管理平台，整合国家教育管理相关的数据和信息资源，基于云服务模式推广各种教育管理的信息化应用。到 2015 年，初步建成国家教育云基础平台，支持教育云资源平台和管理服务平台的有效部署与应用，可同时为 IPv4 和 IPv6 用户提供教育基础云服务。

四、开放大学信息化支撑平台建设

建成跨网络、跨平台、跨终端的开放大学信息化支撑平台。利用先进的信息技术，建立教育网、公众网、电视网等跨网互通的网络支持体系。建设办学所需的网络平台、数字化学习资源库和应用支撑系统。建设支持计算机、手机、电视、智能终端等多种终端显示的交互教学与资源推送平台，为所有学习者提供网上学习的机会，满足全体社会成员多样化学习的需求。通过教育资源的公共服务平台等技术手段，实现开放大学与各级各类学校和教育机构共享优质数字教育资源。通过支持学分积累与转换的学分银行等信息系统，支持开放大学与其他各类教育机构的联合办学活动。完善开放大学信息化基础设施、平台及相关资源，支持开放大学利用信息技术开办高水平学历与非学历继续教育，开展丰富的社会化服务。构建以开放大学为主体，各级各类学校和教育机构共同参与的终身教育网络，为推动学习型社会的形成提供信息化基础支撑环境。

第九章

“第四部分　保障措施”解读

第十七章　加强组织领导

【原文】

加强教育信息化工作的组织领导。推动各级教育行政部门建立健全教育信息化管理职能部门。在各级各类学校设立信息化主管，在高校和具备一定规模的其他各类学校设立信息化管理与服务机构。全面加强教育信息化工作的统筹协调，明确职责，理顺关系。完善技术支持机构，推进相关机构的分工与整合。

明确推进教育信息化工作的责任。国务院教育行政部门负责统筹规划、部署、指导全国教育信息化工作；各有关部门积极支持，密切协作，共同推动。各级政府是教育信息化工作的责任主体。教育信息化以省级政府为主统筹推进。地方各级教育行政部门和各级各类学校是教育信息化的实施主体。

【文字解读】

一、加强教育信息化工作的组织领导

建立强有力的组织领导是教育信息化事业持续、健康发展的前提。教育部作为国务院教育行政部门是全国教育信息化工作的领导机构，省、市、县各级教育行政部门应建立对应的教育信息化管理职能部门，在普通高校和具备一定规模的其他各类学校应设立信息化管理与服务机构，在各级各类学校应设立信息化主管负责学校的信息化建设工作。全面加强教育信息化工作的统筹协调，在管理过程中切实做到职责明确、条块清晰，分工有序。省、市、县各级教育

行政部门完善现有教育信息化机构设置，整合电教机构、网络信息中心、教研所等机构的人员和技术优势，建设稳定可靠且战斗力强的教育信息化保障队伍。

二、明确推进教育信息化工作的责任

明确各级教育主管部门及各级各类学校在教育信息化中的责任。教育部是教育信息化的领导机构，负责统筹规划、部署、指导全国教育信息化工作，组织制定国家教育信息化标准，实施全国性的教育信息基础设施建设，通过试点示范、分步推进等方式指导各地区的教育信息化工作；国务院其他有关主管部门，如国家发展和改革委员会、财政部、科学技术部、工业和信息化部等积极支持，密切配合，共同推动。省、市、县各级政府是教育信息化的责任主体，教育信息化以省级政府为主统筹推进，市、县级政府明确发展重点、逐步推进落实。省、市、县各级教育行政部门和各级各类学校重点推进信息技术与教育教学的深度融合，促进教育质量全面提高。落实省、市、县教育信息化“一把手”责任制，完善区域教育信息化统筹机构设置，理清各相关单位教育信息化相关工作职责，提高信息化建设和管理水平。

第十八章　完善政策法规

【原文】

制定和落实教育信息化优先发展政策。推动各级教育行政部门和各级各类学校制定教育信息化优先发展的配套政策措施。协调制定和落实各级各类学校、师生和相关教育机构在网络接入等方面的资费优惠政策。

完善教育信息化相关法规。加快推进教育信息化法制建设。将教育信息化列为政府教育督导内容，将教育技术能力纳入教师资格认证与考核体系，完善教育信息化相关部门的技术人员的编制管理与职称（职务）评聘办法。

支持教育信息化产业发展。协调制定扶持教育信息化产业发展政策，鼓励企业参与教育信息化建设。以税收优惠等调控手段，培育教育信息化产业体系。形成良性竞争的教育信息化产业发展环境。

【文字解读】

一、制定和落实教育信息化优先发展政策

《教育规划纲要》指出，信息技术对教育发展具有革命性影响，必须予以高度重视。省、市、县各级教育行政部门根据《教育规划纲要》精神结合本省、市、县实际，制订切实可行的教育信息化发展规划，专门针对教育信息化经费投入、教育信息化产业规划等制定优先发展的配套政策措施；各级各类学校应根据学校发展实际制订相应的信息化发展规划，在数字校园建设、教育资源开发、信息技术的课堂教学应用等多方面给予足够重视。

国家投入建设的教育信息基础设施具有公益性服务的特征，教育部应协调制定和落实各级各类学校、师生和相关教育机构在网络接入等方面的优惠政策，工业和信息化部及其下属相关主管部门在网络接入、网间互联、维护运行等各环节制定资费优惠政策，为各级各类学校提供高速、稳定宽带接入服务。

二、完善教育信息化相关法规

依法治教是依法治国方略在教育领域的具体体现，完善的法规是教育信息化事业发展的重要保障。教育部应会同其他相关部门加快推进教育信息化立法工作，落实教育信息化资金管理办法、教育信息与网络安全规范、教育信息化产业发展意见等政策和法规的立法和完善，依法保障教育信息系统的安全运行，保证各级各类教育信息化的投入落到实处；省、市、县各级政府可以依据本行政区域的具体情况和实际需要，在不同宪法、法律、行政法规相抵触的前提下，制定地方性教育信息化相关法规。

教育督导是各级政府及其教育行政部门加强对教育工作宏观管理的手段，也是改进政府工作、监督教育行政部门依法行政和指导学校依法办学的重要形式和机制。将教育信息化列为政府教育督导内容，有利于控制教育信息化过程中权力滥用，预防腐败的发生，有利于保证教育信息化政策实施的透明度和合法性。

各级各类学校应完善教育信息化工作人事考评体系，将教育技术能力纳入教师资格认证与考核体系。省、市、县各级教育主管部门，各级各类学校应完善教育信息化相关部门的管理人员、技术人员、电教人员、信息技术教师的编制管理与职称（职务）评聘办法，解决专业技术人员的后顾之忧，建立稳定可靠的专业技术人员队伍，保障教育信息化的可持续发展。

三、支持教育信息化产业发展

教育信息化产业既是信息产业的重要组成部分，也是教育信息化健康发展的重要力量，主要包括教育硬件产业、教育软件产业、教育动漫产业、教育游戏产业、教育信息化服务产业等。省、市、县各级政府应制定教育信息化产业发展的相关扶持政策，通过设立创业基金和专项研发基金，建立人才培养基地和孵化项目等多种方式鼓励企业参与到教育信息化产业中来。以税收优惠等调控手段，鼓励企业为各级各类教育机构提供硬件建设、资源建设、维护服务等，通过培育创新团队、实施产学研创新工程等方式，发展一批自主创新能力强、产品附加值高的教育信息化企业，逐步培育教育信息化产业体系。同时，发挥政府指导监督作用，规范市场环境，保护知识产权，形成良性竞争的教育信息化产业发展环境。

第十九章 做好技术服务

【原文】

加强教育信息化标准规范制定和应用推广。结合教育信息化需求，开展教育信息化标准化基础科研，加快标准制定、修订步伐，强化标准的宣贯，推动标准化实施，确保数字教育资源、软硬件资源、教育管理信息资源等各方面内容的标准化和规范化。

建立和完善教育信息化创新支撑体系。整合设立教育信息化研究基地，以多种方式设立教育信息化技术与装备研发、推广项目，支撑适应中国国情的教育信息化技术自主创新、经济可行的特色装备研发与推广。

完善信息安全保障。制定和实施网络与信息安全建设管理规范，建立全方位安全保障体系，确保教育管理、教学和服务等信息系统安全。加强网络有害行为防范能力和不良信息监管力度，防止暴力色情等有害信息对校园文化的侵害。

完善教育信息化运行维护与技术支持服务体系。推进各级教育机构的信息化运行维护和技术服务机构建设，建立各级教育行政部门和各级各类学校的信息技术专业服务队伍。

【文字解读】

一、加强教育信息化标准规范制定和应用推广

教育信息化标准对于指导信息化建设，保证建设质量，实现异构系统的互联互通和资源整合共享具有重要的意义。教育部应积极组织专家开展教育信息化标准化基础性研究，推动移动学习、电子书包、电子教材、教育装备等标准规范工作，加快标准制定、修订步伐，形成符合满足教育信息化需求、结构完备、内容合理的教育信息化标准规范体系。坚持标准研究制定与推广应用相结合，强化现有标准的宣传贯彻，使教育信息化标准的应用从局部试用走向全面推广。省、市、县各级教育行政部门应积极推动标准化实施与应用，确保数字教育资源、软硬件资源、教育管理信息等方面的标准化和规范化，促进互联互通、资源共享和信息安全。

二、建立和完善教育信息化创新支撑体系

专门的国家教育信息化战略研究机构可为教育信息化政策的制定和实施提供咨询与决策参考，是我国教育信息化事业高速、持续、健康发展的重要保证。教育部应整合现有科研机构和科研队伍，设立教育信息化发展战略研究基地、教育信息化技术研究基地等科研机构，进一步提升我国教育信息化的整体研究水平。教育部、省、市等各级教育主管部门应以教研课题、教育科学规划课题等多种方式设立教学环境和教育装备研发、推广项目，加大对信息技术与课堂教学融合应用的研究和投入，解决各级各类教育教学的实际技术问题。研究项目应侧重于研发符合实际需要、拥有自主知识产权的教育装备，结合教育信息化试验区与试点学校的创新成果，形成操作性强、推广价值高的教学模式或教学方法，支撑我国教育信息化特色装备的研发与推广。

三、完善信息安全保障

教育过程包括信息的产生、呈现、分析和处理等重要环节，教育信息安全的实质就是要保护教育信息系统或信息网络中的教育信息资源免受各种类型的威胁、干扰和破坏。教育部应组织专家制定网络与信息安全建设管理规范，省、市、县各级教育行政部门以及各级各类学校应提高网络安全意识，有效防范计算机病毒、非法使用、信息泄露等安全问题，建立全方位安全保障体系，保障教育管理、教学和服务等信息系统安全稳定的运行。各级各类学校的技术保障部门应提高教育信息基础设施、各项教育信息管理系统的安全防范水平，提高系统容灾、备份和应急处置能力。各级各类学校应加强内容安全的防护与管理，防止暴力、色情等有害信息对校园文化的侵害，探索建立安全绿色的信息化保障体系，保证教育信息化健康发展。

四、完善教育信息化运行维护与技术支持服务体系

信息化运行维护和技术支持体系是各级各类教育信息系统健康、持续运行的重要保证。坚持“前期建设投入以政府投入为主，后期维护纳入单位日常管理”的原则，采取建立专业技术队伍与购买企业支持服务相结合的办法，建立教育信息化运行维护与支持服务体系。各级教育行政部门和各级各类学校应完善专业技术人员的考评和激励机制，制定岗位职责、评聘办法等，持续开展专业人员能力培训，提升服务质量。

第二十章　落实经费投入

【原文】

建立经费投入保障机制。推动各级政府充分整合现有经费渠道，优化经费支出结构，制定教育信息化建设和运行维护保障经费标准等政策措施，在教育投入中加大对教育信息化的倾斜，保障教育信息化发展需求，特别要加强对农村、偏远地区教育信息化的经费支持。

鼓励多方投入。明确政府在教育信息化经费投入中的主体作用。鼓励企业和社会力量投资、参与教育信息化建设与服务，形成多渠道筹集教育信息化经费的投入保障机制。

加强项目与资金管理。统筹安排教育信息化经费使用，根据各地教育信息化发展阶段特征，及时调整经费支出重点，合理分配在硬件、软件、资源、应用、运行维护、培训等各环节的经费使用比例。加强项目管理和经费监管，规范项目建设。实施教育信息化经费投入绩效评估，提高经费使用效率效益。

【文字解读】

一、建立经费投入保障机制

充足、稳定的资金投入有利于教育信息化事业可持续发展。目前，我国教育信息化经费来源较为单一且总量不足。坚持教育信息化经费的政府承担机制，教育部统筹规划、决策协调好省、市、县各级财政的投入比例，整合现有经费渠道，优化经费支出结构，逐步落实到位。省、市、县各级政府应制定教育信息化建设和运行维护的经费标准、管理办法等政策措施，对于教育信息化的投入比例应有所倾斜，确保教育信息化的资金足额投入，应特别加强对农村、偏远地区教育信息化的经费支持，促进教育信息化均衡化发展。

二、鼓励多方投入

丰富的融资渠道对于缓解我国教育信息化资金短缺具有重要意义。省、市、县各级政府在教育信息化经费投入过程中起到主体作用，教育部应建立以国家投入为主，地方投入为辅，企业投入为补充的多元化经费投入机制，使资金筹措方式和渠道规范化、多元化。区分公共服务、准公共服务以及个人、团体消费，鼓励企业和社会力量投资参与部分教育信息化建设，同时又要体现教育信息化建设的公益性特征。省、市、县各级政府建立和完善投资融资机制，运用市场力量吸引社会团体、企业、个人以及国外投资者，为教育信息化运营和发展提供稳定的资金保障。

三、加强项目与资金管理

项目管理与资金管理的科学化、制度化、规范化、程序化是推进项目进度、提高教育信息化经费使用效率的重要保证。省、市、县各级教育主管部门要根据各地教育信息化发展阶段特征，及时统筹安排经费使用，及时调整分配硬件、软件、资源、应用、运行维护、培训等各环节的经费使用比例，坚决纠正“重硬件、轻软件、重投入、轻管理”的倾向，重点解决义务教育学校和农村、偏远地区学校信息化的基础设施建设、关键技术研发推广、安全系统建设、标准和政策研究等方面的经费。省、市、县各级督导机构应落实对重大教育信息化建设项目的经费管理、督导和问责机制，实施全程项目监管，严格实施预算管理和决算管理，坚决杜绝项目实施过程中的浪费和腐败现象。建立教育信息化专项经费审核机制，实施经费使用评估和绩效评估，提高经费使用效率效益。

第十章

“实施”解读

实施

【原文】

本规划是落实《教育规划纲要》的专项规划，涉及面广、时间跨度大、任务重、要求高，必须周密部署、精心组织、认真实施，确保各项任务落到实处。

强化组织领导。本规划由国务院教育行政部门负责协调组织和督导实施，地方各级教育行政部门应以本规划为基础，制订本地区教育信息化工程建设计划和工作实施方案。

明确任务分工。国务院教育行政部门和地方各级教育行政部门、教育机构、科研机构和业内企业应明确各自角色分工，从政策实施、技术研发、成果推广、应用示范等各方面协同推进。

施行目标考核。按照本规划定义的教育信息化十年发展目标和阶段建设指标施行考核，健全工作督导机制，分阶段落实本规划确定的各项发展任务和建设目标。

推广试点示范。坚持以点带面、分类指导，充分发挥试点、示范引领作用，逐步推动信息技术在教育领域的深入应用，为实现本规划制定的发展目标奠定基础。

建立支持环境。利用多种渠道，广泛宣传教育信息化作为国家战略加以实施的重要性和紧迫性，广泛宣传本规划的重要意义和具体内容，形成全社会关心、支持教育信息化建设的良好环境，为本规划的落实创造支持条件。

【文字解读】

《教育信息化规划》是落实《教育规划纲要》的教育信息化领域的专项规划，是指导未来十年我国教育信息化各项工作的纲领性文献。《教育信息化规划》涉及面广、时间跨度大、任务重、要求高，必须周密部署、精心组织、认真实施，确保各项任务落到实处。

一、强化组织领导

《教育信息化规划》由国务院教育行政部门负责协调组织和督导实施。国务院教育行政部门要切实履行好统筹规划、政策引导、监督管理和提供公共教育服务的职责。各级教育行政部门应围绕本规划的战略目标、发展任务、行动计划、保障措施等内容，对目标任务进行分解，制订本地区教育信息化工程建设计划和工作实施方案，制定切实可行、操作性强的配套政策。

二、明确任务分工

中央和地方各级教育行政部门、教育机构、科研机构和业内企业及相关单位应明确各自角色分工。教育行政部门和教育机构要积极落实相关政策，组织实施试点与示范工程；鼓励科研机构和相关企业积极参与技术研发、成果推广等工作，保障教育信息化工程顺利实施；建设政府引导、多方参与的教育资源共建共享环境，促进教育信息化产业的长期稳定发展。

三、施行目标考核

各机构各部门要按照本规划制订的教育信息化十年发展目标和阶段建设指标施行考核。要按照各自的职能分工，扎实做好责任范围内的各项工作。健全工作督导机制，分阶段落实本规划确定的各项发展任务和建设目标，保障本规划各项发展任务能够扎实有效地完成。

四、推广试点示范

根据统筹规划、分步实施、以点带面、分类指导的原则，选择部分地区和学校开展教育信息化改革和试点工作，及时总结经验、完善思路、有序推广。充分发挥试点、示范的引领作用，鼓励各地学习探索有益经验，逐步推动信息技术在教育领域的深入应用。

五、建立支持环境

推进教育信息化不仅是教育机构的职责，也是全社会的共同责任，需要全社会各界力量的支持和参与。要通过加大舆论宣传力度，利用多种渠道，广泛宣传教育信息化的重要性和紧迫性，使“信息技术对教育发展具有革命性影响”这一理念深入人心，形成全社会关心、支持教育信息化建设的良好氛围和环境，为《教育信息化规划》的落实创造有利的外部条件。

第四部分 附录

教育部办公厅关于成立《教育信息化十年发展规划（2011—2020年）》编制专家组和支撑专家组的通知

教技厅函［2011］37号

有关单位：

为推进落实教育规划纲要关于教育信息化工作的总体部署，我部已启动《教育信息化十年发展规划（2011—2020年）》编制工作。

为保证“规划”编制顺利实施，经部领导批准，决定成立“规划”编制专家组（名单见附件1），具体承担调研、起草、征求意见等规划编制各项工作。专家组下设总体组及4个专题组。总体组负责规划编制组织、总体思路、规划总体框架及规划编制统稿，各专题分别负责各自专题领域的规划编制工作。成立“规划”编制支撑专家组（名单见附件2），负责根据编制专家组的统筹安排，提供教育信息化相关领域、国家信息化建设和其他行业信息化建设的调研、论证和咨询等支持。

本次规划编制工作将持续到2011年10月份左右，其间将根据工作需要组织数次集中封闭撰稿工作，并召开数次研讨会和座谈会。为保障规划编制工作顺利进行，请规划编制专家和支撑专家所在单位对本单位专家工作给与大力支持，统筹安排专家的授课、会议、出差、出国等活动，保证专家能有充足时间参与规划编制的各项工作。

附件：1. 规划编制专家组人员名单

2. 规划编制支撑专家组人员名单

教育部办公厅

二〇一一年五月三日

主题词：教育　信息　规划　机构　设置　通知

部内发送：有关部领导，教育信息化（金教工程）领导小组成员单位、教改办

教育部办公厅　　依申请公开　　2011年5月6日印发

附件1：

规划编制专家组人员名单

一、总体组

组长：杨宗凯　华中师范大学副校长

成员：高新民　中国互联网协会常务副理事长

王珠珠　中央电化教育馆馆长

李　星　中国教育和科研计算机网网络中心副主任

蒋东兴　清华大学计算机与信息管理中心主任

黄荣怀　北京师范大学教育学部副部长

秘书：吴　砥　华中师范大学教授

费　龙：教育部基础教育资源中心规划处处长

朴　龙：中国教育电视台播控中心执行主任

二、基础设施专题组

组长：高新民　中国互联网协会常务副理事长

成员：李崇荣　清华大学信息网络工程研究中心副主任

王　涛　中国教育电视台技术总监

郑庆华　西安交通大学计算机科学与技术系主任

鲁东明　浙江大学信息化领导小组副组长

三、资源与应用专题组

组长：王珠珠　中央电化教育馆馆长

成员：刘延申　华中师范大学教授

李国斌　中央广播电视大学信息管理处处长

陈　庚　北京交通大学远程与继续教育学院院长

金　海　华中科技大学计算机科学与技术学院院长

四、管理信息化专题组

组长：蒋东兴　清华大学计算机与信息管理中心主任

成员：宓　诛　复旦大学信息化办公室主任

曾德华　教育部教育管理信息中心总工程师

郭清顺　中山大学网络与信息技术中心主任

顾　涛　中国人员大学网络与教育技术中心主任

五、保障体系专题组

组长：杨宗凯　华中师范大学副校长

成员：祝智庭　华东师范大学网络教育学院院长，全国信息技术标准化技术委员会教育技术分技术委员会主任

史元春　清华大学计算机系人机交互与媒体集成研究所所长，全国信息技术标准化技术委员会教育技术分技术委员会秘书长

汪　琼　北京大学现代教育技术中心主任

余胜泉　北京师范大学教育技术学院院长

附件2：

规划编制支撑专家组人员名单

（依需要调整，排名不分先后）

蒋鸣和　上海市教育科学研究院研究员
李兆君　沈阳师范大学教育技术学院院长、辽宁省电教馆馆长
杨晓健　甘肃省电化教育中心主任
张景中　中国科学院院士、华中师范大学教授
纪志成　江南大学副校长
何炎祥　武汉大学计算机学院院长
程建刚　清华大学教授、中国教育技术协会学术委员会副主任
包华影　北京师范大学继续教育与教师培训学院院长
胡长军　北京科技大学教授
王　陆　首都师范大学教授
范义虎　湖北省教育信息化发展中心主任
孔繁士　河南省教育厅科研处事处调研员
张嘉志　广州市教育信息中心（电教馆）主任
张志清　国家图书馆副馆长
王晓刚　赛尔网络有限公司总经理助理